Le petit livre de la compta facile

Le petit livre de la
compta facile

Marie-Jeanne Bouchage

FIRST
Editions

© Éditions First, un département d'Édi8, 2014

Le Code de la propriété intellectuelle interdit les copies ou reproductions destinées à une utilisation collective. Toute représentation ou reproduction intégrale ou partielle faite par quelque procédé que ce soit, sans le consentement de l'auteur, de ses ayants droits ou de ses ayants cause est illicite et constitue une contrefaçon sanctionnée par les articles L 335-2 et suivants du Code de la propriété intellectuelle.

ISBN: 978-2-7540-6414-9
Dépôt légal: juin 2014
Imprimé en Italie

Direction éditoriale: Marie-Anne Jost-Kotik
Édition: Laure-Hélène Accaoui
Suivi éditorial: Marie Caillaud
Mise en page et couverture: Olivier Frenot

Éditions First, un département d'Édi8
12, avenue d'Italie
75013 Paris – France
Tél.: 01 44 16 09 00
Fax: 01 44 16 09 01
E-mail: firstinfo@efirst.com

Site internet: www.editionsfirst.fr

Sommaire

La comptabilité – pourquoi?.....................................9
L'histoire de la comptabilité 9

Chapitre 1 Le b.a.ba de la comptabilité

La comptabilité en partie simple............................13
La comptabilité en partie double
(ou comptabilité générale) 16
    Première étape: le journal................................18
    Deuxième étape: le grand-livre.......................21
    Troisième étape: la balance.............................22
    Quatrième étape 23
    Les différents journaux 23
Le plan comptable 24
    Comptes de bilan: ce que l'entreprise
    possède et doit..24
    Comptes de résultat:
    les charges et les produits...............................26
La comptabilité analytique.................................... 28
Les principes comptables les règles.......................33
    Les principes comptables fondamentaux............33

Les règles d'établissement des comptes	34
Un exemple concret	35
On crée Notre boîte	35
L'entreprise Notre boîte commence à fonctionner	37
Première étape de la comptabilité : les journaux	38
Journal des à nouveaux	39
Journal des achats	39
Journal des ventes	41
Journal de banque	42
Journal de caisse	44
Journal de paie	46
Deuxième étape de la comptabilité : le grand-livre	47
Troisième étape de la comptabilité : la balance	50
Quatrième étape de la comptabilité : le bilan et le compte de résultat	51

Chapitre 2 Une année de comptabilité

Toutes les semaines	56
La comptabilisation des factures et avoirs d'achats et de ventes	56

Sommaire • **7** •

Tous les mois	58
La comptabilité de mon banquier	58
Le rapprochement de banque	63
La TVA, comment ça marche ?	65
Les taux ne sont pas toujours les mêmes	67
Sur le plan comptable	69
Les salaires, les charges sociales	70
Comptabilisation de la paie	71
Les cas de maladie et d'arrêt de travail	74
Les comptes pour la comptabilisation des paies et des charges sociales	75
Première étape de la comptabilité	77
Deuxième étape de la comptabilité	80
Troisième étape de la comptabilité	81
Tous les ans	83
Les immobilisations	83
Les amortissements	84
Exemple	87
Les provisions pour risques et charges	88
Provisions pour risques	88
Provisions pour charges	89
La fin d'un exercice	92
Le contrôle des écritures	92
Charges à payer	93
Charges constatées d'avance	94

Le stock de marchandises.............................. 94
Les fonds dédiés... 95
Exemple 96
La justification des soldes 98
Clôture de l'année, réouverture de la suivante. 98

Chapitre 3 Un exercice global
L'intitulé et les questions....................................103
Correction de l'exercice global 108

Tableaux 108

Annexes
Extraits du plan comptable 1984...........................145
Bibliographie..155
Remerciements...157

Introduction

La comptabilité - pourquoi ?
La comptabilité générale permet de connaître :
- L'état des finances d'une entreprise (banque…) ;
- Ce qu'elle possède, ce qu'elle doit, ce qu'on lui doit ;
- Ses recettes (détail des produits) et ses dépenses (détail des charges) ;
- Le résultat en fin d'exercice.

La comptabilité analytique permet de :
- Savoir comment se répartit le résultat sur les différents secteurs de l'entreprise (exemple : café, hôtel, restaurant) ;
- Connaître le coût de revient d'un produit fini (exemple : le numéro d'un journal) ;
- Permettre une meilleure gestion.

L'histoire de la comptabilité
- La comptabilité a commencé le jour où les hommes des cavernes ont pu amasser dans une journée plus de nourriture qu'ils n'en consommaient dans cette journée.

- Le premier traité commercial date de 4 000 ans avant J.-C. et est originaire de Nippur en Mésopotamie.
- 50 ans avant J.-C., Rome a colonisé le bassin Européen et fait du commerce avec l'étranger. C'est l'apparition du surplus économique. Il y a les premières obligations juridiques et fiscales, comme tenir un livre de comptes avec les recettes et les dépenses. C'est ce qu'on appelle une comptabilité en partie simple (on n'écrit les chiffres qu'une fois). Par exemple, si je suis un petit commerçant, je vais écrire :
  - J'ai : + 1 000
  - Je vends, donc je reçois : + 100
  - J'achète de la marchandise, donc je paie : − 200
  - Je paie le téléphone : − 100
  - Je vends, donc je reçois : + 200
  - Il me reste : + 1 000
- Pendant 1 000 ans, la comptabilité ne progresse pas. Imaginez l'exemple ci-dessus en chiffres romain et vous comprendrez que les opérations sont impossibles !
- Les chiffres que nous utilisons s'appellent les « chiffres arabes ». Ils sont arrivés en Europe au Xe siècle par l'Espagne.
- À Venise, les Italiens, après avoir découvert l'Amérique, font du commerce. Le premier ouvrage de comptabilité est publié en 1494 par le père Lucas Pacioli qui a

travaillé avec Léonard de Vinci. C'est la naissance de la comptabilité en partie double et le début de la comptabilité générale, qui donne des informations.
- En 1929, après la crise économique, on veut étudier le prix de revient d'un produit et c'est la naissance de la comptabilité analytique et de la gestion.
- En 1947, après la Deuxième Guerre mondiale, il faut reconstruire le pays : c'est l'arrivée du premier plan comptable pour permettre des analyses économiques.
- En 1957 : deuxième plan comptable.
- En 1982, après les élections européennes : troisième plan comptable, mis en place dans les entreprises en 1984 (lié à l'Europe et à l'arrivée de l'informatique).

Dans un souci de clarté, certains **tableaux** et **schémas explicatifs** sont à consulter à la **fin de l'ouvrage**. En effet, pour des raisons de mise en page et afin d'éviter une coupe, ils sont présentés à l'horizontal. Ils sont signalés dans le texte par un numéro (❶, ❷, ❸, etc.) suivi de la page où vous pourrez les retrouver.

Chapitre 1
Le b.a.ba de la comptabilité

•

La comptabilité en partie simple

La comptabilité en partie simple, c'est ce que vous faites quand vous tenez vos comptes ou votre compte en banque. Vous alignez les recettes, les dépenses et vous faites la différence, ce qui reste. C'est en « partie simple » car vous n'écrivez les chiffres qu'une seule fois.

Page suivante, vous trouverez un exemple de compte en banque en partie simple.

Bien sûr, vous pouvez tenir votre comptabilité suivant ce modèle. Mais vous n'êtes pas obligés de mettre les colonnes « dates » et « libellés ». Les « dépenses », « recettes » et « il reste » peuvent suffire. Vous pouvez même tenir cette comptabilité directement avec les talons de chèques, sans faire ce tableau. Mais si à la fin du mois, vous voulez savoir combien vous avez dépensé par exemple en alimentation, vous allez devoir reprendre votre chéquier ou votre tableau pour repérer les dépenses d'alimentation et les additionner.

Pour votre propre comptabilité, ce ne sera pas très difficile, vous aurez à regarder et à additionner sans doute quelques chèques, et quelques avis de dépense par carte bancaire. Peut-être une dizaine.

Compte en banque en partie simple

Dates	Libellés (explications)	Dépenses	Recettes	Il reste
01-janv	Il reste		250,00	250,00
02-janv	Salaire		1 200,00	1 450,00
03-janv	Courses alimentation	35,00		1 415,00
04-janv	Loyer	350,00		1 065,00
05-janv	Médecin	22,00		1 043,00
05-janv	Pharmacie	15,00		1 028,00
07-janv	Courses alimentation	28,00		1 000,00
10-janv	Électricité	35,00		965,00
12-janv	Remboursement sécurité sociale		25,00	990,00
13-janv	Courses alimentation	32,00		958,00
15-janv	Prélèvement carte de transport	60,00		898,00

Mais imaginez que vous êtes dans une entreprise dans laquelle ont fait 200 chèques par mois, et qu'il faut savoir combien on a dépensé d'achats de marchandises. Il faudra reprendre les 200 chèques un par un et faire des classements et des additions…

C'est pour remédier à ce problème que le père Lucas Paciolo et Léonard de Vinci ont inventé la comptabilité en partie double. C'est ce que nous utilisons toujours aujourd'hui et ce que nous allons étudier.

> Dans la **partie simple**, on écrit chaque chiffre une fois.
> Dans la **partie double**, on écrit chaque chiffre deux fois, dans deux colonnes :
> - Une fois « d'où ça vient », c'est la colonne de droite que l'on appelle « crédit ».
> - Et l'autre fois « à quoi ça sert », c'est la colonne de gauche que l'on appelle « débit ».

La comptabilité en partie double (ou comptabilité générale)

Dans l'introduction, nous notions que la comptabilité doit permettre de connaître les finances d'une entreprise, ce qu'elle possède, ce qu'elle doit, ce qu'on lui doit. Pour cela nous faisons un tableau qui s'appelle un « bilan ».

> Un **bilan** c'est la situation d'une entreprise à une date déterminée (en général au 31 décembre), en tenant compte de tout son passé.
> C'est un tableau en deux parties :
> - Ce que l'entreprise **possède** (à gauche, l'actif) ;
> - Ce qu'elle **doit** (à droite, le passif).
>
> Les mots « actif » et « passif » ne sont utilisés que dans le bilan.

Ci-contre, le bilan d'une entreprise qui s'appellerait Notre Boîte.

Dans l'introduction, nous disions également que la comptabilité doit permettre de connaître les recettes et les dépenses de l'entreprise. Pour cela, il est nécessaire de faire un autre tableau qui s'appelle un « compte de résultat » (voir page 18).

Exemple : bilan de Notre boîte à ce jour

Actif (j'ai)		Passif (je dois)	
2 Immeuble	10 000,00	1 Capital	20 000,00
2 Matériel de transport	1 000,00		
4 Clients	1 800,00	4 Fournisseurs	700,00
		4 Salaires à payer	500,00
		4 Urssaf, retraite, Pôle emploi	400,00
5 Caisse	200,00		
5 Banque	7 600,00		
	20 600,00		21 600,00
Déficit	1 000,00		
	21 600,00		**21 600,00**

Un **compte de résultat** se fait pour une période déterminée, en général du 1er janvier au 31 décembre. Comme le bilan, c'est aussi un tableau en deux parties :
- Les **charges** (les dépenses, à gauche) ;
- Les **produits** (les recettes, à droite).

• 18 • Le petit livre de la compta facile

Exemple : compte de résultat de Notre boîte du jour de l'ouverture à ce jour

Charges		Produits	
6 Achats de marchandises	1 000,00	7 Ventes	2 600,00
6 Petit matériel	50,00		
6 Fournitures de bureau	500,00		
6 Assurances	400,00		
6 Affranchissement	100,00		
6 Frais de déplacement	150,00		
6 Salaires	1 000,00		
6 Charges sociales	400,00		
	3 600,00		2 600,00
		Déficit	1 000,00
	3 600,00		**3 600,00**

Les mots « charges » et « produits » ne sont utilisés que dans le compte de résultat.

Pour arriver à faire le bilan et le compte de résultat, nous devons passer par plusieurs étapes.

Première étape : le journal

Comme le journal que nous pouvons acheter et lire tous les jours ou que nous pouvons regarder à la télévision, dans le journal comptable (divisé en plusieurs journaux différents, voir page 23) nous allons écrire ce qui se passe tous les jours : on reçoit une facture, on fait un chèque, on vend une marchandise… À chaque fois, nous allons passer une « écriture » sur un des journaux, dans ce qu'on appelle des « comptes ».

Exemple de journal de caisse avec une présentation scolaire

	Débit	Crédit
5 Caisse	500,00	
5 Mouvements de fonds		500,00
6 Affranchissement	100,00	
5 Caisse		100,00
6 Petit matériel	50,00	
5 Caisse		50,00
6 Frais de déplacement	150,00	
5 Caisse		150,00
	800,00	**800,00**

Dans cet exemple, c'est le journal de caisse et les comptes utilisés sont :
- Le compte « Caisse » ;
- Le compte « Mouvements de fonds ou virements internes » ;

- **20** - Le petit livre de la compta facile

- Et des comptes de dépenses : « Affranchissement, petit matériel et frais de déplacement ».

Pour vous aider à vous repérer, voici ci-dessous une deuxième présentation du journal, comme on les voit le plus souvent dans les logiciels de comptabilité.

Ex. de journal de caisse, présentation logiciel de comptabilité

				Période du ...... au..........	
Jour	Pièce	Compte	Libellé	Débit	Crédit
01	Virement	531	Virement de la banque à la caisse	500,00	
01	Virement	580	Virement de la banque à la caisse		500,00
02	Pièce 02	626	Achat de timbres-poste	100,00	
02	Pièce 02	531	Achat de timbres-poste		100,00
03	Pièce 03	606	Achat de prises de courant	50,00	
03	Pièce 03	531	Achat de prises de courant		50,00
04	Pièce 04	625	Frais de taxi	150,00	
04	Pièce 04	531	Frais de taxi		150,00
			Total du journal	**800,00**	**800,00**

Deuxième étape : le grand-livre

C'est la liste de tous les comptes que nous avons utilisés dans les journaux, avec le détail de toutes les écritures, et la différence entre la partie gauche et la partie droite du compte (quand il n'y a rien d'un côté, c'est qu'il y a zéro euro). Cette différence s'appelle le « solde » du compte. L'exemple ci-dessous montre bien pourquoi les comptables parlent de « comptes en T » pour la présentation scolaire du grand-livre.

Exemple de grand-livre, présentation scolaire

D	6 Affranchissement	C		D	6 Petits matériels	C
	100,00				50,00	
Solde		100,00		Solde		50,00

D	6 Frais de dépl.	C		D	5 Caisse	C
	150,00				500,00	100,00
Solde		150,00				50,00
						150,00
					500,00	300,00
				Solde		200,00

D	5 Mouv. de fonds	C
	500,00	500,00
Solde		0,00

Pour l'exemple de grand-livre, présentation logiciel de comptabilité, voyez le tableau ❶ pages 122-123.

Troisième étape : la balance

C'est la liste de tous les comptes (sans le détail) avec les totaux de la droite et de la gauche, et les soldes.

Exemple : extrait de la balance de Notre boîte

Classes	Comptes	Capitaux Débit	Capitaux Crédit	Soldes Débit	Soldes Crédit
1	Capital		20 000,00		20 000,00
2	Immeuble	10 000,00		10 000,00	
4	Fournisseurs	1 200,00	1 900,00		700,00
5	Banque	9 800,00	2 200,00	7 600,00	
5	Mouvements de fonds	500,00	500,00		
6	Achats marchandises	1 000,00		1 000,00	
7	Ventes		2 600,00		2 600,00
		29 700,00	29 700,00	24 200,00	24 200,00

Quatrième étape

En séparant en deux la balance, entre les comptes de la classe 5 et les comptes de la classe 6, nous aurons le bilan et le compte de résultat.

Les différents journaux

Les entreprises utilisent plusieurs journaux comptables :
- Le journal des à nouveaux dans lequel sont enregistrés les soldes des comptes du bilan de l'année précédente ;
- Le journal des achats pour toutes les factures d'achat ;
- Le journal des ventes pour toutes les factures de vente ;
- Le journal de banque avec toutes les écritures de banque (s'il y a plusieurs comptes en banque, il y aura un journal de banque par compte en banque) ;
- Le journal de caisse pour toutes les opérations en espèces ;
- Le journal de paie pour l'enregistrement des salaires et des charges sur salaires ;
- Le journal des opérations diverses pour les écritures qui ne concernent aucun des autres journaux.

Dans la pratique, actuellement, le comptable va saisir les écritures dans les journaux. Le grand-livre et la balance qui ne sont que de la copie, du classement, des additions et des soustractions seront faits par l'ordinateur grâce au logiciel de comptabilité.

Mais pour bien comprendre la démarche, nous allons faire manuellement des exercices complets, jusqu'à la dernière étape.

Le plan comptable

Comme nous en avons parlé dans l'introduction, le dernier plan comptable date de 1982 (voir page 145). C'est la liste normalisée des comptes qui sont utilisés en comptabilité, dans toutes les entreprises.

Ces comptes sont organisés par « classes » : la numérotation de ces classes correspond à la chronologie des comptes que l'on utilise quand on crée une entreprise.

Comptes de bilan : ce que l'entreprise possède et doit

- Classe 1 : les capitaux, car, en général, pour monter une entreprise, il faut un apport d'argent. Ce qui constitue le compte « Capital ».
- Classe 2 : les immobilisations. Ce qu'une entreprise doit posséder pour fonctionner (un immeuble, des machines…).
- Classe 3 : les stocks. C'est la valeur des marchandises que l'on a en magasin dans le but de les vendre.

- Classe 4 : les tiers. Les personnes avec lesquelles nous allons travailler : les fournisseurs, les clients, le personnel, l'état…

> Tous les comptes de la **classe 4** sont destinés un jour ou l'autre à être **soldés**, puisqu'on va enregistrer dans ces comptes ce que l'on doit, ou ce que l'on nous doit. Après le règlement, le compte sera à zéro.

- Classe 5 : la trésorerie. L'argent qui est déposé en banque ou en caisse.

La numérotation des comptes fonctionne avec un système de sous-comptes qui reprend toujours en premier le chiffre de la classe :

- Tous les comptes de capitaux commencent par le chiffre 1 ;
- Tous les comptes d'immobilisations commencent par le chiffre 2, etc.

Exemple de comptes de bilan :

- Classe 5 : comptes financiers
  - Compte 51 : « Banques, établissements financiers et assimilés »
    * Compte 512 : « Banques »
  - Compte 53 : « Caisse »
    * Compte 531 : « Caisse siège social ».

> Les comptes des **classes 1 et 4** (fournisseurs) sont des comptes de **passif** (ce que l'entreprise doit), ils augmentent à droite (crédit) et diminuent à gauche (débit).
> Les comptes des **classes 2, 3, 4** (clients) **et 5** sont des comptes d'**actif** (ce que l'entreprise possède), ils augmentent à gauche (débit) et diminuent à droite (crédit).

Si l'actif est plus grand que le passif, l'entreprise a fait un excédent (bénéfice) car elle possède plus qu'elle ne doit. Si le passif est plus grand que l'actif, elle a fait un déficit (perte) car elle doit plus qu'elle ne possède.
On peut faire un bilan à tout moment.

Comptes de résultat: les charges et les produits

- Classe 6: les charges. Les dépenses de tous les jours (achats, services extérieurs, les frais de personnel, les frais financiers…). Les comptes de la classe 6 augmentent à gauche (débit) et diminuent à droite (crédit).
- Classe 7: les produits. Les ventes, les prestations de service et les subventions de fonctionnement. Les comptes de la classe 7 augmentent à droite (crédit) et diminuent à gauche (débit).

> La différence entre les produits et les charges, c'est le résultat de l'exercice pendant une période déterminée (en général une année). Si les produits sont plus importants que les charges, on a fait un **excédent** (bénéfice) ; si les charges sont plus grandes que les produits on a fait un **déficit** (perte). On peut faire un compte de résultat sur une période plus petite (6 mois par exemple) si on le souhaite.

Pour la numérotation des comptes, prenons un exemple dans la classe 6 : tous les comptes de charge commencent par un 6. Les achats étant la première charge de l'entreprise, tous les comptes d'achats commencent par 60, etc.
Exemple de comptes de charges :
- Classe 6 : charges
  - Compte 60 : « Achats »
    * Compte 601 : « Achats de matières premières »
    * Compte 607 : « Achats de marchandises »
  - Compte 61 : « Services extérieurs »
    * Compte 611 : « Sous-traitance »
    * Compte 612 : « Locations »
      ◊ Compte 613 200 : « Locations immobilières »
      ◊ Compte 613 500 : « Locations mobilières ».

Les numéros de compte utilisés seront subdivisés à partir du plan comptable officiel, en fonction des besoins et de la taille des entreprises.

Tout cela (le bilan, le compte de résultat, les comptes…) sera plus simple à comprendre par un exercice concret que nous vous proposons page 35, et par le schéma récapitulatif pages 30-31.

La comptabilité analytique

Pour comprendre la comptabilité analytique, nous allons imaginer que nous possédons un café, hôtel, restaurant. La comptabilité que nous allons étudier (que l'on appelle aussi « comptabilité générale ») va nous donner le résultat de l'ensemble. Mais comment savoir si le café nous rapporte plus que le restaurant ou que l'hôtel, ou le contraire ? Pour avoir la réponse, nous devons faire une « comptabilité analytique », qui, par définition, va nous permettre plus d'analyse, et donc une meilleure gestion.

Nous pourrons constater par exemple que le café nous rapporte plus que le restaurant et nous pourrons prendre des décisions de rénovation, de développement et de publicité qui seront plus ciblées.

Dans les chapitres suivants nous ne ferons qu'un seul compte de résultat, mais ici nous allons faire 3 comptes de résultat, donc 3 sections analytiques : une pour le café, une pour l'hôtel, et une pour le restaurant. Le total de ces 3 comptes de résultat nous donnera le compte de résultat global.

Mais nous n'aurons qu'un seul bilan, car on ne fait qu'un bilan par entreprise, par entité juridique (une société est une entité juridique, une entreprise artisanale aussi).

Pour faire 3 comptes de résultat, nous allons pour tous les comptes de charges (classe 6) et de produits (classe 7), rajouter une indication qui correspondra à chaque section. Ces indications peuvent être des chiffres ou des lettres. Dans notre exemple, nous pouvons utiliser « CF » pour le café, « HT » pour l'hôtel et « RS » pour le restaurant. Nous aurons donc 3 comptes d'achat de marchandises :

- 607 CF : « Achats de marchandises café » ;
- 607 HT : « Achats de marchandises hôtel » ;
- 607 RS : « Achats de marchandises restaurant ».

Et ainsi pour tous les comptes 6 et 7. Au moment du bilan, il suffira de classer les comptes par code analytique pour avoir les 3 comptes de résultat.

Mais une difficulté existe : s'il va être relativement simple de répartir les factures d'achats de marchandises entre les 3 sections (surtout si on peut faire des commandes séparées) ; il sera plus difficile de répartir les factures d'eau ou d'électricité.

Schéma global d'un bilan et d'un compte de résultat

GAUCHE DÉBIT EMPLOIS	DROITE CRÉDIT RESSOURCES/ORIGINE
\multicolumn{2}{c}{Bilan}	
Actif (j'ai)	Passif (je dois)
Classe	Classe
2 Immobilisations	1 Capitaux
Moins amortissements	Plus provisions
2 Prêts	1 Subventions d'équipement
	1 Plus l'excédent moins le déficit
	1 Emprunts à long terme
3 Stocks	4 Tiers (fournisseurs, personnel, état)
4 Tiers (clients)	
5 Finances (banque, caisse…)	

Comptes de résultat

Classe 6 Charges (dépenses courantes)	Classe 7 Produits (recettes courantes)
60 Achats	70 Ventes, prestations de service
61 et 62 Services extérieurs	
63 Impôts et taxes	
64 Charges de personnel	74 Subventions d'exploitation
65 Autres charges de gestion courante	75 Produits de gestion courante
66 Charges financières	76 Produits financiers
67 Charges exceptionnelles	77 Produits exceptionnels
68 Dotations aux amortissements et aux provisions	78 Reprises sur amortissements et provisions
69 Impôts sur les bénéfices	
TOUS CES COMPTES AUGMENTENT PAR LE DÉBIT ET DIMINUENT PAR LE CRÉDIT	**TOUS CES COMPTES AUGMENTENT PAR LE CRÉDIT ET DIMINUENT PAR LE DÉBIT**

Si nous avons une femme de chambre, nous pourrons mettre son salaire sur l'hôtel ; mais si c'est la même personne qui fait l'entretien pour toute l'entreprise, comment faire ? Plusieurs solutions sont possibles :
- Créer une section analytique pour ce que l'on ne peut pas répartir au moment de l'achat. On peut par exemple l'appeler « FG » pour fonctionnement général. On peut conserver cette section FG et donc avoir 4 comptes de résultat ou, au moment du bilan, faire une répartition de cette section FG sur les 3 autres, suivant un critère défini. (On peut prendre un critère de surface des locaux, ou de temps d'ouverture de chaque activité…)
- L'autre possibilité est d'avoir fait dès le départ un tableau de répartitions des charges par pourcentage. Pour le personnel, on peut évaluer le temps de travail sur chaque section. Pour l'eau on peut répartir : par exemple 50 % pour l'hôtel, 25 % pour le café et 25 % pour le restaurant. Ce tableau de répartition doit être préparé dès le départ pour la mise en place de la comptabilité analytique.

Bien sûr la mise en place de la **comptabilité analytique** est spécifique à chaque entreprise. Elle est à construire suivant les besoins pour la gestion. La **gestion**, c'est les décisions à prendre pour le futur de l'entreprise : continuer, arrêter, développer, et ce, dans quel sens ?

Les logiciels actuels de comptabilité comportent tous une possibilité de comptabilité analytique.

Les principes comptables – les règles

Les principes comptables fondamentaux
C'est le terme officiel du plan comptable général. Et c'est ce qui est vérifié en premier par les experts-comptables et les commissaires aux comptes.
- La régularité : l'application des textes légaux ;
- La sincérité : l'application de bonne foi des règles et procédures en fonction des connaissances des responsables ;
- L'image fidèle : découlent des notions de régularité et de sincérité ;
- La prudence : la prise en compte des ressources et des dettes de l'entreprise qui correspondent bien à l'exercice en cours ;
- La prééminence de la réalité sur l'apparence : cela a pour objectif l'enregistrement et la présentation des transactions et événements de l'entreprise conformément à leur nature sans tenir compte de leur apparence juridique. Exemple : une entreprise a reçu un avis de convocation aux prud'hommes pour un

salarié licencié. L'apparence, c'est que nous avons juste une convocation. Mais la réalité c'est que nous aurons peut-être des indemnités à verser au salarié si nous perdons aux prud'hommes. Nous devons donc passer une écriture de provision dans un compte de charges pour prévoir ces indemnités.

Les règles d'établissement des comptes

- La continuité de l'exploitation : on continue la comptabilité tant que l'entreprise existe.
- La permanence des méthodes : on ne doit pas modifier les méthodes comptables. Exemple : on ne change pas le nombre d'années d'amortissement en cours d'utilisation d'un bien (voir pages 84 et 85).
- L'indépendance des exercices : les charges et les produits doivent bien être ceux de l'exercice en cours.
- Les coûts historiques : les coûts doivent bien correspondre aux documents, aux factures…
- La non-compensation : c'est l'interdiction de faire des dépenses avec des recettes et de ne passer en comptabilité que la différence. Exemple : dans un restaurant un client a payé en espèces une facture de 80 €. Le restaurateur a utilisé 20 € pour acheter du pain. La caisse serait juste s'il passait une recette de 60 €. Mais

cela est interdit : il faut bien passer une recette de 80 €
et une dépense de 20 €.
- L'intangibilité du bilan d'ouverture : le bilan d'ouverture
  d'un exercice doit impérativement correspondre à celui
  de la clôture de l'exercice précédent.

Un exemple concret

On crée Notre boîte

Nous allons imaginer que vous et moi, tous les deux, à compter du 1er janvier 20…, nous créons une entreprise de fabrication de vêtements. Cette entreprise va s'appeler Notre boîte. Nous allons chacun apporter 10 000 € dans Notre boîte. Moi, j'apporte les 10 000 € sous forme d'un immeuble que je possède et que je donne à Notre boîte. Et vous, vous apportez une voiture qui ne vaut que 1 000 €, et 9 000 € que vous déposez sur un compte en banque spécifique que nous ouvrons au nom de Notre boîte. À partir de ces éléments nous allons faire ce que l'on appelle un « bilan d'ouverture ». L'entreprise n'a pas encore fonctionné. On vient juste de la créer.

Page suivante, voyez le bilan d'ouverture de Notre boîte.

• 36 • Le petit livre de la compta facile

Bilan d'ouverture de Notre boîte au 1er janvier 20…

Actif (emploi, j'ai)		Passif (origine, je dois)	
2 Immeuble	10 000,00	1 Capital	20 000,00
2 Matériel de transport	1 000,00		
5 Banque	9 000,00		
	20 000,00		20 000,00

Il s'agit d'une comptabilité en « partie double », donc on écrit deux fois les sommes : une fois d'où vient l'argent (l'origine au passif, à droite) et l'autre fois comment ou à quoi cet argent a été utilisé (l'emploi à l'actif, à gauche).

> C'est facile à retenir si on pense que, quand on écrit, on va de la gauche à la droite, et qu'en comptabilité c'est l'**inverse** : on va de la **droite** (l'origine) **vers la gauche** (à quoi on l'a employé).

Dans notre exemple, l'origine, c'est le capital (dans la classe 1) ; soit les 10 000 € que nous avons apportés chacun, donc 20 000 € en tout. Et l'emploi, c'est ce à quoi correspondent ces 20 000 € : un immeuble (dans la classe 2), du matériel de transport (dans la classe 2) et les 9 000 € que nous avons déposés à la banque (dans la classe 5).
Ce qui peut sembler étrange, c'est que les 20 000 € du capital soient dans la colonne « Passif, je dois ». Pour le

comprendre, il faut penser qu'il y a 3 personnes dans cette affaire. Il y a vous et moi : nous sommes des personnes physiques. Et il y a aussi l'entreprise que nous avons créée, Notre boîte, qui est une personne morale. Le bilan que nous faisons est celui de Notre boîte. Si nous avons créé une entreprise, c'est que nous espérons gagner de l'argent avec elle et donc récupérer notre capital augmenté d'un bénéfice. (Enfin on espère faire des bénéfices, mais ce n'est pas certain !) Il est donc normal que le capital soit dans la colonne « Passif, je dois », car effectivement l'entreprise Notre boîte doit le capital aux personnes physiques, vous et moi qui l'avons apporté à l'entreprise (même si ce remboursement se fera dans plusieurs années).

Nous utilisons au début les comptes de la classe 1, les capitaux, puis les comptes de la classe 2, les immobilisations, et la classe 5, la trésorerie. Dès que l'entreprise va fonctionner, nous allons utiliser les comptes des autres classes.

L'entreprise Notre boîte commence à fonctionner

Avant de commencer, voyons comment passer les écritures. Toute opération mouvemente au minimum deux comptes, l'un au débit (la gauche) et l'autre au crédit (la droite).

> Nous conseillons de ne pas chercher d'autres définitions aux mots « **débit** » et « **crédit** ». Les autres définitions que vous pouvez avoir en tête risquent de vous faire faire des erreurs.

Les questions que l'on doit se poser avant de passer une écriture sont les suivantes :
- Quels sont les comptes à mouvementer ?
- Le compte augmente-t-il ou diminue-t-il ? Ceci pour déterminer le bon côté, à savoir débit (gauche) ou crédit (droite).

> Une idée pour se rappeler facilement : les **comptes de trésorerie** (banque et caisse) augmentent à **gauche** (débit), comme dans ces expressions : « mettre à gauche », « sous le coude gauche » ou « mettre de côté » quand on veut faire des économies.

Première étape de la comptabilité : les journaux

Pour plus de facilité, nous n'avons pas noté les dates des écritures. L'important dans cet exercice étant la compréhension du système. Il est évident que dans la pratique (comme dans tous les journaux que vous lisez), chaque écriture est datée : jour/mois/année.

Journal des à nouveaux

Nous allons commencer par le journal des à nouveaux, pour reprendre les soldes du bilan antérieur puisque le bilan tient compte de tout le passé de l'entreprise. Les comptes qui sont à gauche se recopient à gauche, et les comptes qui sont à droite se recopient à droite.

Écritures du journal des à nouveaux

		Débit	Crédit
1	2 Immeuble	10 000,00	
	2 Matériel de transport	1 000,00	
	5 Banque	9 000,00	
	1 Capital		20 000,00
		20 000,00	20 000,00

Journal des achats

Dans le journal des achats nous devons enregistrer les écritures suivantes :

1. Nous recevons une facture du fournisseur A pour un achat de marchandises, pour un montant de 1 000 €.

2. Nous recevons une facture du fournisseur B pour des fournitures de bureau, pour un montant de 500 €.

3. Puis nous recevons la quittance pour l'assurance de l'entreprise du fournisseur C, pour un montant de 400 €.

Écritures du journal des achats

		Débit	Crédit
1	6 Achats de marchandises	1 000,00	
	4 Fournisseur A		1 000,00
2	6 Fournitures de bureau	500,00	
	4 Fournisseur B		500,00
3	6 Assurances	400,00	
	4 Fournisseur C		400,00
		1 900,00	1 900,00

Comment savoir quel compte utiliser et de quel côté ?

Nous ne payons pas les fournisseurs tout de suite, donc nous allons créer des comptes « Fournisseurs » qui seront soldés (mis à zéro) au moment du paiement.

Dans l'explication du bilan, nous avons écrit : ce que l'entreprise doit est à droite, au crédit ; et dans l'explication du compte de résultat, les charges sont à gauche, au débit. Dans ces 3 écritures, on doit l'argent aux fournisseurs (classe 4) et les charges (classe 6) qui étaient à zéro ont augmenté, le compte fournisseur est donc à droite et les comptes charges sont à gauche. On peut dire aussi que les marchandises viennent du fournisseur à droite et vont à gauche dans les charges (le sens inverse de l'écriture).

Journal des ventes

Dans le journal des ventes nous devons enregistrer les écritures suivantes:

1. Nous faisons une facture de vente au client A de la marchandise pour 800 € (il paiera plus tard).

2. Nous faisons une facture de vente au client B de la marchandise pour 1 800 € (il paiera plus tard).

Écritures du journal des ventes

		Débit	Crédit
1	4 Client A	800,00	
	7 Ventes		800,00
2	4 Client B	1 800,00	
	7 Ventes		1 800,00
		2 600,00	2 600,00

Comment savoir quel compte utiliser et de quel côté?

Comme pour les fournisseurs, les clients ne payent pas immédiatement, nous allons donc créer des comptes « Clients », qui seront soldés (mis à zéro) au moment du paiement.

On peut dire : ça vient d'une vente et ça va chez le client (toujours la droite vers la gauche). On peut dire aussi : la gauche du bilan c'est ce que je possède, et dans ce cas je possède virtuellement de l'argent qui est encore chez mon client.

Journal de banque

Dans le journal de banque nous devons enregistrer les écritures suivantes:

1. Nous retirons 500 € de la banque pour alimenter la caisse.
2. Nous payons par chèque le fournisseur C pour l'assurance.
3. Nous payons par chèque 800 € au fournisseur A.
4. Le client A paye par chèque le total de ce qu'il nous doit.
5. Nous faisons un chèque de 500 € comme acompte sur salaire à notre employée.

Comment savoir quel compte utiliser et de quel côté ?

Pour la première écriture, nous aurions dû augmenter la caisse et diminuer la banque, mais nous avons un journal de caisse pour les écritures de caisse et donc nous ne pouvons pas l'utiliser dans le journal de banque. Nous allons donc utiliser un compte « Virements internes » que l'on peut aussi appeler « Mouvements de fonds » dans le journal de banque et dans le journal de caisse. Ce compte doit toujours être soldé, à zéro, puisqu'à la même date nous allons passer l'écriture dans le journal de banque et dans le journal de caisse.

Le compte banque est à droite quand il diminue, pour mettre de l'argent en caisse et pour les chèques que nous avons fait ; et il augmente, à gauche, quand on a le paiement du client.

Écritures du journal de banque

		Débit	Crédit
1	5 Mouvements de fonds/ virements internes	500,00	
	5 Banque		500,00
2	4 Fournisseur C	400,00	
	5 Banque		400,00
3	4 Fournisseur A	800,00	
	5 Banque		800,00
4	5 Banque	800,00	
	4 Client A		800,00
5	4 Acompte sur salaire	500,00	
	5 Banque		500,00
		3 000,00	3 000,00

Si vous avez votre compte en banque personnel et que vous regardez les relevés que la banque vous envoie, vous allez me dire : « **Ce n'est pas normal, quand je fais un chèque il est dans la colonne de gauche au débit, et, là, vous mettez la banque à droite au crédit quand on fait un chèque.** »
C'est exact, nous allons l'expliquer dans le chapitre 2. Mais pour ne pas vous faire attendre, disons simplement que le banquier ne vous envoie pas votre comptabilité, mais la sienne. **L'argent que vous déposez en banque vous appartient toujours. Le banquier vous le doit.** C'est pourquoi si vous n'êtes pas à découvert, le solde est au crédit, à droite. C'est de l'argent qu'il vous doit comme une entreprise peut devoir de l'argent à ses fournisseurs.

Journal de caisse

Dans le journal de caisse nous devons enregistrer les écritures suivantes :

1. La recette des 500 € que nous avons retirés de la banque pour la caisse.

2. Nous avons acheté des timbres-poste pour 100 €.

3. Nous avons acheté du petit matériel (des prises de courant) pour installer les machines pour 50 €.

4. Nous avons payé des frais de déplacement (un taxi) pour 150 €.

Comment savoir quel compte utiliser et de quel côté ?
Pour la première écriture, comme dans le journal de banque, nous utilisons le compte « Mouvements de fonds » qui sera donc soldé (à zéro).
Pour les petites dépenses qui sont payées tout de suite par la caisse (en espèces), nous ne créons pas de compte fournisseur et donc nous diminuons la caisse, au crédit, à droite. Les comptes de charges augmentent bien au débit, à gauche.

Écritures du journal de caisse

			Débit	Crédit
1	5 Caisse		500,00	
		5 Mouvements de fonds		500,00
2	6 Affranchissement		100,00	
		5 Caisse		100,00
3	6 Petit matériel		50,00	
		5 Caisse		50,00
4	6 Frais de déplacement		150,00	
		5 Caisse		150,00
			800,00	800,00

Journal de paie

Dans le journal de paie nous devons enregistrer la paie de notre employée :

Écritures du journal de paie

			Débit	Crédit
1	6 Salaires		1 000,00	
	6 Charges sociales		400,00	
		4 Acompte sur salaire		500,00
		4 Salaires à payer		500,00
		4 Urssaf, retraite, Pôle emploi		400,00
			1 400,00	1 400,00

Comment savoir quel compte utiliser et de quel côté ?
Les salaires et les charges sociales, comme toutes les charges, augmentent à gauche, au débit. À droite, nous soldons le compte « Acompte sur salaire », et utilisons le compte « Salaire à payer » pour ce qui reste à devoir au salarié et des comptes « Sécurité sociale et organismes sociaux » pour les charges que nous devons. Ces deux comptes sont à droite comme tout ce que nous devons. Nous reviendrons plus tard sur le calcul et la comptabilisation des salaires et des charges (voir page 70).

Deuxième étape de la comptabilité : le grand-livre

Nous allons faire la liste de tous les comptes que nous avons utilisés dans les journaux, avec le détail de toutes les écritures. C'est de la copie, dans ce que l'on appelle les « comptes en T ». Nous allons créer un « T » par compte et recopier à gauche les sommes qui ont été mises à gauche dans les journaux et à droite les sommes qui ont été mises à droite dans les journaux, en recopiant tous les journaux, les uns après les autres. Dans la pratique ce travail de copie est fait par l'ordinateur, avec le logiciel de comptabilité.

Écritures du grand-livre

D	2 Immeuble	C
AN (1)	10 000,00	

D	2 Mat. de transport	C
AN (1)	1 000,00	

D	5 Banque	C
AN (1)	9 000,00	BQ (1)	500,00
BQ (4)	800,00	BQ (2)	400,00
		BQ (3)	800,00
		BQ (5)	500,00
	9 800,00		2 200,00

D	1 Capital	C
		AN (1)	20 000,00

• 48 • Le petit livre de la compta facile

D	6 Achats de march.	C
AC *(1)*	1 000,00	

D	4 Fournisseur A	C
BQ *(3)*	800,00	AC *(1)* 1 000,00

D	4 Fournisseur B	C
		AC *(2)* 500,00

D	6 Fourn. de bureau	C
AC *(2)*	500,00	

D	6 Assurances	C
AC *(3)*	400,00	

D	4 Fournisseur C	C
BQ *(2)*	400,00	AC *(3)* 400,00

D	7 Ventes	C
		VT *(1)* 800
		VT *(2)* 1 800
0,00		2 600

D	4 Client A	C
VT *(1)*	800,00	BQ *(4)* 800,00

D	4 Client B	C
VT *(2)*	1 800,00	

D	5 Mouv. de fonds	C
BQ *(1)*	500,00	CA *(1)* 500,00

D	5 Caisse	C
CA *(1)*	500,00	CA *(2)* 100,00
		CA *(3)* 50,00
		CA *(4)* 150,00
500,00		300,00

D	4 Acomptes salaire	C
BQ *(5)*	500,00	PA *(1)* 500,00

Le b.a.ba de la comptabilité • **49** •

D 6 Affranchissement C	D 6 Petit matériel C
CA 100,00	CA 50,00
(2)	(3)

D 6 Salaires C	D 6 Frais de déplac. C
PA 1 000,00	CA 150,00
(1)	(4)

D 6 Charges sociales C	D 4 Salaires à payer C
PA 400,00	PA 500,00
(1)	(1)

D   4 Urssaf Retraite…   C
PA   400,00
(1)

Pour vous repérer entre les journaux et le grand-livre nous avons utilisé des abréviations:

- Journal des à nouveaux: AN;
- Journal des achats: AC;
- Journal des ventes: VT;
- Journal de banque: BQ;
- Journal de caisse: CA;
- Journal de paies: PA.

Ces abréviations sont suivies du numéro de l'écriture entre parenthèses.

Troisième étape de la comptabilité : la balance

Pour avoir la balance, nous faisons la liste de tous les comptes (sans le détail) avec les totaux de la droite et de la gauche des comptes en « T » du grand-livre, que nous reportons dans les colonnes « Capitaux ». Puis nous faisons la différence entre la gauche et la droite, que nous reportons dans les colonnes « Soldes » du côté le plus fort. (Bien sûr, quand il n'y a pas de somme d'un côté, c'est comme s'il y avait zéro euro et donc que c'est le côté le plus faible). Quand les capitaux du débit sont plus forts que ceux de crédit, on dit que le solde est débiteur et on l'écrit au débit. Quand les capitaux du crédit sont plus forts que ceux du débit, on dit que le solde est créditeur et on l'écrit au crédit.

Comme pour le grand-livre, ce travail de report et de soustraction est fait automatiquement par le logiciel de comptabilité. Voyez la balance, le tableau ❷ pages 124-125. Si nous faisons le total de tous les journaux, nous constatons que c'est le même montant que le total des capitaux de la balance, et, bien sûr, le total de la gauche égale le total de la droite. Ce qui est logique puisque chaque chiffre a été écrit à gauche et à droite.

Vérifions les totaux :

- Journal des à nouveaux : 20 000

- Journal des achats : 1 900
- Journal des ventes : 2 600
- Journal de banque : 3 000
- Journal de caisse : 800
- Journal de paie : 1 400
- Total : **29 700** (total des capitaux de la balance)

Quatrième étape de la comptabilité : le bilan et le compte de résultat

Nous allons nous occuper des soldes de la balance et couper cette balance entre la classe 5 et la classe 6. Les comptes des classes 1 à 5 sont les classes du bilan et les classes 6 et 7 sont les classes du compte de résultat. Nous allons mettre à gauche les comptes dont le solde est à gauche (débit) et à droite les comptes dont le solde est à droite (crédit).

Pages 48 et 49, voyez les présentations du bilan et du compte de résultat de Notre boîte après les écritures que nous avons passées.

Nous remarquons que Notre boîte a un déficit de 1 000 € à ce jour.

Nous présentons ces deux tableaux avec le même résultat à gauche et à droite, en notant le déficit à gauche dans le bilan et à droite dans le compte de résultat. Ce qui permet de vérifier qu'il n'y a pas d'erreur.

Bilan de Notre boîte à ce jour

Actif (j'ai)		Passif (je dois)	
2 Immeuble	10 000,00	1 Capital	20 000,00
2 Matériel de transport	1 000,00		
4 Clients	1 800,00	4 Fournisseurs	700,00
		4 Salaires à payer	500,00
		4 Urssaf, retraite, Pôle emploi	400,00
5 Caisse	200,00		
5 Banque	7 600,00		
	20 600,00		21 600,00
Déficit	1 000,00		
	21 600,00		21 600,00

Comptes de résultat de Notre boîte du jour de l'ouverture à ce jour

Charges		Produits	
6 Achats de marchandises	1 000,00	7 Ventes	2 600,00
6 Petit matériel	50,00		
6 Fournitures de bureau	500,00		
6 Assurances	400,00		
6 Affranchissement	100,00		
6 Frais de déplacement	150,00		
6 Salaires	1 000,00		
6 Charges sociales	400,00		
	3 600,00		2 600,00
		Déficit	1 000,00
	3 600,00		3 600,00

Le **résultat** que nous trouvons est le même (et doit toujours être le même) au **bilan** et au **compte de résultat**, ce qui est normal puisque dans chaque écriture nous avons utilisé un compte de bilan et un compte de résultat ou deux comptes de bilan et deux comptes de résultat.

Au bilan, c'est bien un déficit puisque la colonne « je dois » est à 21 600 €, alors que la colonne « j'ai » n'est qu'à 20 600 €.

Dans le compte de résultat, c'est également un déficit puisque les charges sont de 3 600 €, alors que les produits ne sont qu'à 2 600 €.

Dans cet exercice, nous n'avons pas intégré la TVA car le but était la compréhension du système comptable. Nous allons voir plus loin le fonctionnement avec la TVA.

> Nous pouvons nous rendre compte, après avoir étudié cet exercice, que la vraie **difficulté** pour le comptable est bien dans l'**écriture à passer au journal**. C'est dans un **but pédagogique** que nous sommes passés par toutes les étapes du système pour connaître le résultat de cette période de fonctionnement de Notre boîte, mais un logiciel de comptabilité génère automatiquement grand-livre et balance.

Chapitre 2
Une année de comptabilité

•

Quels sont les différents travaux effectués par un comptable tout au long d'une année?

Toutes les semaines:

Le comptable reçoit des documents de dépenses et de recettes de caisse ou de banque. Il passe les opérations dans les journaux comme nous l'avons vu dans le chapitre précédent. Il reçoit aussi des factures. Nous allons voir en détail l'enregistrement de ces factures d'achat ou de vente dans les journaux concernés.

Tous les mois:

Le comptable reçoit le relevé du compte en banque et le document de déclaration de TVA de l'entreprise et il doit établir les bulletins de paies et les déclarations de charges sociales. Nous allons étudier ces différents travaux:

- le rapprochement de banque à l'aide du relevé du banquier,
- la déclaration de TVA,
- les bulletins de paie et les charges qui y sont liées.

Tous les ans:

Le travail du comptable est d'arriver à faire le bilan et le compte de résultat de l'entreprise. Il faut donc contrôler que les charges et les produits correspondent bien à l'année; et savoir ce que l'on possède et ce que l'on doit. Il faut calculer les amortissements et les provisions et passer les écritures de fin d'année.

Toutes les semaines

La comptabilisation des factures et avoirs d'achats et de ventes

Que peut-on trouver sur une facture?

- Le prix brut des marchandises : c'est le prix unitaire multiplié par le nombre d'articles.
- Les réductions commerciales : ce sont les rabais, remises et ristournes. Ces réductions sont liées à la marchandise (qualité de la marchandise, quantité achetée, etc.) et au client (réductions pour certaines professions, etc.).
- Les réductions financières : escompte de règlement (exemple : escompte si le client paie tout de suite, alors que l'habitude est de payer dans 30 ou 60 jours).
- Éventuellement, le prix des emballages et du transport.
- La TVA.
- Le net à payer.

Les tableaux ❸ et ❹ pages 126 et 127, nous détaillent l'enregistrement comptable des factures et avoirs sans emballages ni transports.

Dans notre exemple, les écritures pour une facture d'achat ou de vente à crédit avec de la TVA seront donc les suivantes :

Journal d'achats

	Débit	Crédit
607 Achats de marchandises	1 000,00	
709 Rabais et remises accordés		50,00
760 Produits financiers		19,00
4456 État, TVA déductible	186,20	
400 Fournisseur		1 117,20
	1 186,20	1 186,20

Journal des ventes

	Débit	Crédit
707 Ventes		1 200,00
609 Rabais et remises obtenus	60,00	
660 Charges financières	22,80	
4457 État, TVA collectée		223,44
410 Client	1 340,64	
	1 423,44	1 423,44

Et si, à la place de factures, nous avons des avoirs pour retour de marchandises, les écritures seront alors exactement à l'inverse des factures.

Dans l'exercice global que nous vous proposons au chapitre 3, nous comptabiliserons des factures d'achat et de vente avec la TVA et nous ferons une écriture de régularisation au moment du paiement à l'État.

Tous les mois

La comptabilité de mon banquier

Comme nous l'avons vu, le relevé de banque que nous recevons de notre agence bancaire est à l'inverse du compte « Banque » que nous tenons dans la comptabilité de l'entreprise. Le banquier nous envoie la copie du compte client qu'il tient à notre nom dans sa propre comptabilité. Nous allons faire la comparaison entre le compte « Banque » que nous avons dans le grand-livre de l'exercice que nous venons de faire (voir page 47) et le relevé de compte que nous a envoyé le banquier pour ces mêmes écritures.

Nous allons nous mettre à la place de notre banquier et voir quelles sont les écritures qu'il a passées concernant notre compte.

Une année de comptabilité • 59 •

Journal tenu par le banquier concernant Notre boîte

		Débit	Crédit
0	5 Caisse 4 Client Notre boîte *Écriture d'ouverture du compte*	9 000,00	9 000,00
1	4 Client Notre boîte 5 Caisse *Retrait d'espèces pour la caisse*	500,00	500,00
2	4 Client Notre boîte 5 Caisse *Chèque que l'on fait au fournisseur C*	400,00	400,00
3	4 Client Notre boîte 5 Caisse *Chèque que l'on fait au fournisseur A*	800,00	800,00
4	5 Caisse 4 Client Notre boîte *Le client A nous a payés*	800,00	800,00
5	4 Client Notre boîte 5 Caisse *Chèque que l'on fait à l'employée*	500,00	500,00
		12 000,00	12 000,00

Voici donc notre compte client dans la comptabilité de notre banquier (l'abréviation « NB » correspond à « Notre boîte », suivie du numéro de l'écriture) :

Compte client de Notre boîte à la banque

D	4 Client Notre boîte		C
NB (1)	500,00	NB (0)	9 000,00
NB (2)	400,00	NB (4)	800,00
NB (3)	800,00		
NB (5)	500,00		
	2 200,00		9 800,00

Nous pouvons ensuite faire la comparaison entre le compte « Banque » dans notre comptabilité et le relevé de banque que nous a envoyé notre banquier. Voyez les deux tableaux ci-contre.

Nous constatons à chaque fois que ce qui est au débit chez nous est au crédit chez le banquier et que ce qui est au crédit chez nous est au débit chez le banquier. C'est logique, puisqu'à gauche on inscrit ce que l'on possède et à droite ce que l'on doit. Dans notre comptabilité, le solde est débiteur, puisque c'est de l'argent que nous possédons. Et dans la comptabilité du banquier, le même solde est créditeur : c'est de l'argent que nous avons mis en dépôt chez lui et donc qu'il nous doit.

Une année de comptabilité • 61 •

Le compte « Banque » dans la comptabilité de Notre boîte, avec le logiciel de comptabilité

Libellé	D 5 Banque C		Solde
Capital ouverture de compte	9 000,00		9 000,00
Retrait espèces pour caisse		500,00	8 500,00
Chèque fournisseur C		400,00	8 100,00
Chèque fournisseur A		800,00	7 300,00
Remise chèque client A	800,00		8 100,00
Chèque acompte salaire		500,00	7 600,00
	9 800,00	2 200,00	
Solde		7 600,00	
	9 800,00	9 800,00	

Relevé de banque que nous recevons. Notre boîte, compte n° 0001

Libellé	Débit	Crédit	Solde
Dépôt ouverture de compte		9 000,00	9 000,00
Retrait espèces	500,00		8 500,00
Chèque 001	400,00		8 100,00
Chèque 002	800,00		7 300,00
Remise chèque		800,00	8 100,00
Chèque 003	500,00		7 600,00
	2 200,00	9 800,00	
Solde		7 600,00	

Dans notre exemple, toutes les écritures qui figurent sur le relevé que nous envoie le banquier sont déjà dans notre comptabilité. Dans la réalité, nous recevons un relevé qui en général s'arrête à la fin du mois. Mais les chèques que nous avons faits en fin de mois ne sont souvent pas encore encaissés et les frais de tenue de compte que le banquier nous a facturés ne sont pas dans notre comptabilité. C'est pourquoi une des tâches importantes du comptable est de faire un « rapprochement de banque ». C'est-à-dire d'indiquer et d'expliquer les différences entre notre comptabilité et le relevé que nous a envoyé le banquier. C'est une comparaison essentielle, toujours vérifiée par les experts-comptables et les commissaires aux comptes. La bonne concordance entre les deux comptabilités prouve qu'il n'y a pas d'erreur.

> De la même façon, on peut demander à nos clients ou à nos fournisseurs des **extraits de comptes** de leur comptabilité afin de vérifier que notre comptabilité est juste. En effet ce qui est un achat pour nous est une vente pour notre fournisseur.
>
> Nous devons donc retrouver dans le compte « Client » de la comptabilité de notre fournisseur les mêmes factures que dans le compte « Fournisseur » de notre comptabilité.

Le rapprochement de banque

Actuellement, dans tous les logiciels de comptabilité, il y a une procédure qui permet d'établir le rapprochement de banque mais comme pour le système comptable, pour bien comprendre, nous allons étudier comment le faire manuellement. Il y a deux façons de procéder : partir du solde du banquier ou partir du solde de notre comptabilité.

Nous allons étudier la première façon. C'est la méthode que vous pouvez utiliser pour vérifier votre propre compte en banque avec votre comptabilité en partie simple (voir chapitre 1).

Voilà la méthode point par point :

1. Pointer l'état de rapprochement du mois précédent avec le relevé de la banque.

2. Pointer le compte « Banque » du mois avec le relevé de la banque.

3. Enregistrer les écritures du relevé que vous n'avez pas encore pointées et les pointer à leur tour. Tout le relevé de banque doit être pointé.

4. Faire le rapprochement en partant du solde du relevé de banque :

- Soustraire les chèques et autres dépenses qui resteraient non pointés sur le rapprochement précédent.

- Soustraire les chèques et autres dépenses, qui sont dans le compte « Banque » et qui ne sont pas encore pointés. Les pointer en les écrivant sur le rapprochement.
- Additionner les remises de chèques et les recettes qui ne sont pas pointées. Les pointer en les écrivant sur le rapprochement.

Tout le compte « Banque » doit être pointé. Le résultat doit être celui du compte « Banque ».

Dans le chapitre 3, nous verrons un exemple complet de rapprochement de banque, mais pour plus de compréhension, voici un état de rapprochement de banque très simple qui part du solde du relevé de banque :

Exemple simple de rapprochement de banque

Solde du relevé de banque	2 500,00
Moins les dépenses qui ne sont pas sur le relevé :	
Chèque n° 101	– 50,00
Chèque n° 103	– 70,00
Dépenses par carte bleue	– 200,00
Plus les recettes qui ne sont pas sur le relevé :	
Remise de chèques	150,00
Solde du compte « Banque » dans ma comptabilité	**2 330,00**

La TVA, comment ça marche ?

Le sigle TVA signifie « taxe sur la valeur ajoutée ». Une taxe, on sait que c'est un impôt. Mais la valeur ajoutée, c'est quoi ? La valeur ajoutée à quoi ?

Pour comprendre, nous allons nous mettre à la place d'un menuisier qui fabrique une table. Il va devoir :
- Acheter du bois.
- Transformer ce bois en table.
- Vendre sa table pour un montant supérieur au prix du bois puisqu'il a travaillé ce bois et qu'il a des frais : transport du bois, outils nécessaires au travail, etc.

Le prix d'achat du bois sera augmenté de la TVA, qui est de 20 % depuis le 1er janvier 2014. Et le prix de vente de la table sera lui aussi augmenté de la TVA à 20 %.

> La **valeur ajoutée**, c'est la différence entre le prix du bois acheté pour faire la table et le prix de vente de la table.

Voyons un exemple avec les chiffres :

Achat du bois

Prix d'achat du bois HT (hors taxe)		50,00
TVA	20 %	10,00
Prix d'achat du bois TTC (toutes taxes comprises)		**60,00**

Vente de la table

Prix de vente de la table HT (hors taxe)		80,00
TVA	20 %	16,00
Prix de vente de la table TTC (toutes taxes comprises)		**96,00**

TVA

TVA payée par le menuisier		10,00
TVA payée par le client qui a acheté la table		16,00
Différence		**6,00**

Valeur ajoutée

Prix d'achat du bois HT (hors taxe)		50,00
Prix de vente de la table HT (hors taxe)		80,00
Valeur ajoutée (coût du travail du menuisier)		30,00
TVA sur cette valeur ajoutée	20 %	**6,00**

Combien chacun a payé

Prix payé par le menuisier à son fournisseur de bois		60,00
Prix payé par le client au menuisier		96,00
Différence		36,00
Coût du travail du menuisier (valeur ajoutée)		30,00
TVA sur cette valeur ajoutée **(que le menuisier va payer aux impôts)**	20 %	**6,00**

> Voilà le fonctionnement de la **TVA** : chaque entreprise reverse à l'État la différence entre la TVA qu'elle a reçue de ses clients et celle qu'elle a payée à ses fournisseurs. La TVA s'applique à tout ce que vous achetez.
> C'est un **impôt** que l'on paye à partir du moment où on **achète** quelque chose ou on **paie** un service (transport, téléphone, plombier, etc.).

Voyez l'exemple de déclaration de TVA du menuisier à la page suivante.

Les taux ne sont pas toujours les mêmes

- Le taux normal est de 20 %.
- Le taux intermédiaire est à 10 % pour les restaurants, les transports, etc.
- Le taux réduit à 5,50 % est celui de l'alimentation, des produits d'origine agricole, de l'énergie…
- Le taux particulier de 2,10 % concerne certains médicaments et publications de presse.

Il y a quand même certains secteurs qui ne sont pas soumis à la TVA comme le secteur médical, celui du logement ou des assurances.

Exemple de déclaration de TVA du menuisier

Opérations imposables HT		Opérations non imposables	
Ventes prestations de services	80		
Décompte de la TVA à payer			
TVA brute		Bases hors taxe	Taxe due
Taux normal 20 %		80	16
Total de la TVA due			16
TVA déductible			
Biens constituant des immobilisations			
Autres biens et services			10
Total de la TVA déductible			10
Taxe à payer			
TVA nette due à payer			6

Les chiffres doivent toujours être arrondis à l'euro près.

Sur le plan comptable

La TVA est enregistrée dans des comptes de la classe 4, puisque ce n'est pas une charge pour l'entreprise mais seulement des comptes qui seront soldés quand l'entreprise paiera la taxe à l'État. Voyons quels sont les comptes à utiliser :

- 4456 : « État TVA déductible » pour la TVA payée aux fournisseurs.
- 4457 : « État TVA collectée » pour la TVA facturée à nos clients.
- 4455 : « État TVA à décaisser » pour la différence, soit la taxe à payer à l'État.

Dans notre exemple, nous avons 10 euros au débit du compte 4456 « TVA déductible » et 16 euros au crédit du compte 4457 « TVA collectée ». Nous allons solder ces deux comptes pour obtenir le compte 4455 « TVA à payer » :

Journal des opérations diverses

	Débit	Crédit
4457 État, TVA collectée	16,00	
4456 État, TVA déductible		10,00
4455 État, TVA à payer		6,00
Déclaration de TVA du mois		
	16,00	16,00

Puis nous devons payer la TVA à l'État donc nous avons une écriture dans le journal de banque :

Journal de banque

	Débit	Crédit
4455 État, TVA à payer	6,00	
512 Banque		6,00
Paiement de la TVA		
	6,00	**6,00**

Les comptes de TVA sont maintenant tous soldés.

Les salaires, les charges sociales

Nous allons commencer par quelques définitions de mots :
- Salaire : Rémunération du travail effectué par une personne pour le compte d'une autre en vertu d'un contrat de travail.
- Pigiste : Mode de rémunération du travail de réalisation d'un écrit pour un journal. Par exemple : un rédacteur payé au nombre de lignes écrites.
- Honoraires : Rétribution accordée aux personnes exerçant une profession libérale en échange de leurs services. Exemple : les honoraires d'un avocat, d'un médecin, d'un expert-comptable…
- Émoluments : Rétributions des actes effectués par un officier ministériel.

Comptabilisation de la paie

En dehors des éléments d'identification du salarié et de l'entreprise, voici les éléments que l'on trouve sur un bulletin de paie :
- Le salaire brut comprenant :
  - Le salaire de base, qui peut être : un forfait, un nombre d'heures multiplié par un taux horaire, un nombre de points multiplié par une valeur du point.
  - Éventuellement une ou plusieurs primes et des heures supplémentaires ou complémentaires.
- Les cotisations salariales (charges collectées et versées aux organismes par l'employeur à la charge du salarié) :
  - Les cotisations maladie et vieillesse versées à l'Urssaf.
  - Les cotisations chômage versées à l'Urssaf (jusqu'à fin 2010 ces cotisations étaient collectées par Pôle emploi et depuis janvier 2011 elles sont à verser à l'Urssaf).
  - Les cotisations versées à une caisse de retraite complémentaire pour la retraite et, suivant certaines conventions collectives, les cotisations prévoyances et mutuelles (voir plus bas les maladies et arrêts de travail).
- Éventuellement les versements ou retenues individualisés :
  - Le versement de la participation de l'employeur au coupon mensuel de transport dans la région parisienne (passe Navigo, etc.).

- La retenue concernant les Ticket-Restaurant.
- Les retenues pour acompte, saisie sur salaire, avantages en nature…
- Le net à payer, composé du salaire brut, moins les retenues et plus ou moins les versements ou retenues individualisés.
- Un décompte des jours de congés payés pris et à prendre.
- Le calcul des cotisations patronales (ce sont les charges et les taxes que paie tout employeur quand il fait un bulletin de paie) :
  - À l'Urssaf et à la caisse de retraite complémentaire.
  - Pour la formation, le logement, les œuvres sociales à travers le comité d'entreprise.
  - Le transport dans certaines villes.
  - Et pour les organismes qui ne sont pas soumis à la TVA, en général les associations, l'employeur paie aussi la taxe sur les salaires.
- Un récapitulatif des chiffres sur la période ou l'année : c'est dans cette partie que vous trouvez entre autres le « net imposable » (qui est à déclarer chaque année aux impôts), et le nombre d'heures travaillées.

Signalons une obligation récente : sur le bulletin de paie de décembre, doivent apparaître le nombre de jours de droit au DIF (droit individuel à la formation).

Nous voyons donc qu'il y a des :
- Charges salariales (c'est ce qu'on appelle des retenues à la source, elles sont à la charge du salarié et sont donc diminuées du salaire brut).
- Charges patronales (celles qui sont à la charge de l'entreprise).

Elles sont payées directement aux organismes par l'employeur.

Nous n'entrerons pas dans le détail des taux et bases de toutes ces cotisations, car il y a des modifications régulièrement, voire plusieurs fois par an. Le détail mis à jour des taux et des bases de cotisation peut être trouvé sur Internet en tapant « charges sur salaire ».

> **Ne pas oublier :** Quand nous négocions un salaire avec un patron : celui-ci va nous parler en **salaire « brut »**, mais le montant que nous recevrons ne sera que le **salaire « net à payer »**, le salaire brut diminué de toutes les charges salariales.
>
> Le **Smic** (salaire minimum interprofessionnel de croissance) est revalorisé tous les ans. On peut trouver son montant (horaire et mensuel pour un temps plein) sur Internet.

Les cas de maladie et d'arrêt de travail

Quand un salarié est en arrêt pour maladie, deux cas peuvent se présenter :
- L'entreprise peut pratiquer la « subrogation » : les indemnités journalières sont alors versées au salarié par l'employeur. Celui-ci sera remboursé par la sécurité sociale et la caisse de retraite grâce à l'assurance prévoyance.
- Si l'entreprise ne pratique pas la « subrogation », le salarié recevra directement les indemnités journalières par la sécurité sociale et la caisse de retraite prévoyance, quand l'employeur aura envoyé les documents nécessaires.

Dans certaines conventions collectives, il est prévu des cotisations prévoyances et des cotisations mutuelles :
- La prévoyance se verse à la caisse de retraite complémentaire. C'est une assurance qui, en cas de longue maladie (après un certain nombre de jours d'absence), permet le maintien du salaire à hauteur de 80 à 90 % en complément des indemnités journalières de la sécurité sociale.
- La mutuelle est un complément de la sécurité sociale en ce qui concerne les frais de maladie.

Les comptes pour la comptabilisation des paies et des charges sociales

Comme pour une facture que l'on fait ou que l'on reçoit, comme pour un chèque que l'on fait ou que l'on reçoit, quand on fait un bulletin de paie on doit passer une écriture comptable dans un journal. On utilise le journal de paie. À partir d'un exemple, nous verrons plus loin comment passer ces écritures, mais voyons déjà les comptes spécifiques à utiliser.

- Dans la classe 6 pour les charges de personnel :
  - 641 : « Rémunération du personnel » pour le salaire brut alloué à la personne.
  - 645 : « Charges de sécurité sociale et de prévoyance » pour les charges patronales que l'employeur va payer aux organismes pour la maladie, la vieillesse, le chômage et la retraite (Urssaf, caisse de retraite complémentaire)
  - 647 : « Autres charges sociales » pour les versements au comité d'entreprise, à la médecine du travail, les remboursements de transport, les Ticket-Restaurant…
- Et toujours dans la classe 6 pour les impôts liés aux salaires :
  - 631 : « Impôts et taxes sur rémunérations » (administration des impôts) pour la taxe sur les salaires.

- 633 : « Impôts et taxes sur rémunérations » (autres organismes) pour la taxe d'apprentissage, la participation à l'effort de construction de logements, la participation à la formation professionnelle…
- Dans la classe 4 pour les comptes de tiers liés au personnel :
  - 421 : « Personnel, rémunérations dues » pour enregistrer le montant à payer qui est à la fin du bulletin de paie.
  - 425 : « Personnel, avances et acomptes » pour enregistrer les acomptes sur salaire quand l'entreprise les paie à l'employé.
  - 431 : « Sécurité sociale » pour enregistrer les cotisations dues à l'Urssaf.
  - 437 : « Autres organismes sociaux » pour enregistrer les autres cotisations dues.
  - 447 : « Autres impôts et taxes » pour les impôts dus concernant les salaires.

Bien sûr, il existe des logiciels informatiques pour générer les bulletins de paie et les calculs de charges sociales. Ces logiciels permettent aussi de créer les documents obligatoires en ce qui concerne le personnel :

- Livre d'entrée et de sortie du personnel,
- Journal de paie,
- Bordereaux de paiement des cotisations,

Une année de comptabilité • 77 •

- Déclaration annuelle des salaires (DADS),
- Récapitulatifs annuels des cotisations,
- Et tous documents nécessaires à la gestion du personnel.

Pages 128-129, vous trouverez le schéma ❺ : un bulletin de paie complet et pages 130-131, le schéma ❻ : le même bulletin simplifié pour mieux comprendre la comptabilisation. Nous avons regroupé les cotisations suivant l'organisme à qui elles seront payées.

Première étape de la comptabilité

Les écritures au journal seront les suivantes :

Journal de paies (comptabilisation du bulletin de paie)

	Débit	Crédit
641 Rémunération du personnel	2 450,00	
431 Sécurité sociale		386,11
437 Autres organismes sociaux (Pôle emploi)		58,80
437 Autres organismes sociaux (caisse de retraite)		94,32
425 Personnel, avances et acomptes		300,00
421 Personnel, rémunérations dues		1 610,77
	2 450,00	2 450,00

> Les comptes à utiliser sont, bien sûr, les **comptes de charges** au débit (classe 6) et les **comptes de tiers** au crédit (classe 4).
> Rappelons que les comptes de tiers ne sont que des comptes d'attente qui seront soldés quand l'entreprise fera les paiements au salarié et aux organismes.

Pour plus de compréhension, nous avons passé une écriture concernant le salaire et les charges salariales et une autre pour les charges patronales.

Journal de paies (comptabilisation des charges patronales)

	Débit	Crédit
6451 Cotisations Urssaf	844,01	
431 Sécurité sociale		844,01
6333 Participation à la formation professionnelle	13,47	
447 Autres impôts et taxes		13,47
6454 Cotisations chômage	105,35	
437 Autres organismes sociaux (Pôle emploi)		105,35
6453 Cotisations caisses de retraite	141,61	
437 Autres organismes sociaux (caisse de retraite)		141,61
	1 104,44	1 104,44

Mais rappelons-nous que, quelques jours avant de faire le bulletin de paie, nous avons payé au salarié un acompte de 300 euros en espèces par la caisse. L'écriture était la suivante :

Journal de caisse

	Débit	Crédit
425 Personnel, avances et acomptes	300,00	
531 Caisse		300,00
	300,00	**300,00**

Nous allons maintenant passer les écritures du journal de banque pour payer le salarié et les charges sociales.

Journal de banque

	Débit	Crédit
421 Personnel, rémunérations dues	1 610,77	
512 Banque		1 610,77
431 Sécurité sociale	1 230,12	
512 Banque		1 230,12
437 Autres organismes sociaux (Pôle emploi)	164,15	
512 Banque		164,15
437 Autres organismes sociaux (caisse de retraite)	235,93	
512 Banque		235,93
447 Autres impôts et taxes	13,47	
512 Banque		13,47
	3 254,44	**3 254,44**

Deuxième étape de la comptabilité

Attaquons-nous maintenant au grand-livre de ces écritures pour bien voir les comptes soldés et ce qui reste dans les charges :

Grand-livre

D	641 Rému. perso.	C
PA	2 450,00	
	2 450,00	0,00

D	431 Sécurité sociale	C
BQ	1 230,12	PA	386,11
		PA	844,01
	1 230,12		1 230,12

D	437 Autre org. (P. E.)	C
BQ	164,15	PA	58,80
		PA	105,35
	164,15		164,15

D	437 Autre org. (C. R.)	C
BQ	235,93	PA	94,32
		PA	141,61
	235,93		235,93

D	425 Pers., acomptes	C
CA	300,00	PA	300,00
	300,00		300,00

D	421 Pers., rému. dues	C
BQ	1 610,77	PA	1 610,77
	1 610,77		1 610,77

D	6451 Cotis. Urssaf	C
PA	844,01	
	844,01	0,00

D	6333 Part. form.	C
PA	13,47	
	13,47	0,00

D	447 Autr. imp. et taxes	C
BQ	13,47	PA	13,47
	13,47		13,47

D	6454 Cotis. chômage	C
PA	105,35	
	105,35	0,00

D 6453 Cotis. c. retraite C	
PA 141,61	
141,61	**0,00**

D 512 Banque C	
	BQ 1 610,77
	BQ 1 230,12
	BQ 164,15
	BQ 235,93
	BQ 13,47
0,00	**3 254,44**

D 531 Caisse C	
	CA 300,00
0,00	**300,00**

Troisième étape de la comptabilité

La troisième étape est la balance de ces écritures, voyez le tableau de la page suivante.

> Nous constatons que les seuls comptes qui ne sont pas soldés sont ceux de la **classe 6** (les charges) au « Débit » et ceux de la **classe 5** (la trésorerie) au « Crédit ». Les comptes de la **classe 4** sont à zéro puisque le paiement a été fait. Le total de ces comptes, soit : 3 554,44 correspond bien à la somme du salaire brut du bulletin de paie (2 450,00) plus le total de la colonne des charges patronales (1 104,44), ce qui est réellement à la charge de l'entreprise.

Balance

Classes	Comptes	Capitaux Débit	Capitaux Crédit	Soldes Débit	Soldes Crédit
421	Personnel, rémunérations dues	1 610,77	1 610,77		
425	Personnel, acomptes	300,00	300,00		
431	Sécurité sociale	1 230,12	1 230,12		
437	Autre org. (Pôle emploi)	164,15	164,15		
437	Autre org. (caisse retraite)	235,93	235,93		
447	Autres impôts et taxes	13,47	13,47		
512	Banque		3 254,44		3 254,44
531	Caisse		300,00		300,00
6333	Participation formation	13,47		13,47	
641	Rémunération du personnel	2 450,00		2 450,00	
6451	Cotisations Urssaf	844,01		844,01	
6453	Cotisations caisse retraite	141,61		141,61	
6454	Cotisations chômage	105,35		105,35	
		7 108,88	7 108,88	3 554,44	3 554,44

Tous les ans

Les immobilisations

Quand nous avons créé Notre boîte, nous avons apporté un immeuble et une voiture que nous avons enregistrés dans la classe 2, la classe des immobilisations.

Dans cette classe nous trouvons principalement, les comptes :

- 20 : les « Immobilisations incorporelles » dont les « Frais d'établissement », le « Droit au bail », etc. C'est aussi dans ce compte 20 que l'on enregistre la valeur des logiciels informatiques.
- 21 : les « Immobilisations corporelles » qui sont les terrains, les agencements, les bâtiments, les installations techniques, le matériel, l'outillage industriel, le matériel de bureau et d'informatique, le matériel de transport, le mobilier, etc.
- 27 : les « Immobilisations financières », à savoir les actions, les titres, les prêts, les dépôts et cautionnements, etc.
- 28 : les « Amortissements des immobilisations ».
- 29 : les « Provisions pour dépréciations des immobilisations ».

Nous reviendrons dans la suite de ce chapitre sur les amortissements (page 84) et les provisions (page 88).

La question qui se pose souvent est de savoir si telle ou telle dépense doit être comptabilisée en classe 2 (immobilisations) ou en classe 6 (charges).

> Nous pouvons dire que les **immobilisations** sont des biens qui sont indispensables à l'entreprise pour fonctionner (immeuble, gros travaux, machines, mobilier, voitures…) et qui vont être utilisés sur le long terme (plus d'un an). On peut imaginer aussi que si l'entreprise devait fermer ses portes à la fin de l'année, ce qui est dans le compte « Immobilisations » pourrait être revendu.

Exemple : On peut revendre une voiture, une machine industrielle, un ordinateur, mais si on ferme l'entreprise on ne pourra pas revendre les petites fournitures de bureau (papier, crayons, etc.) ou le petit matériel (clés, rallonges électriques, etc.).

Les amortissements

Comptabiliser des amortissements, c'est valoriser l'usure, l'amoindrissement de la valeur du bien. On sait, par exemple, que la valeur d'une voiture, comme celle de tous les autres biens, diminue avec le temps. On sait aussi que lorsque l'on achète du matériel d'occasion, c'est à une valeur plus faible que le coût de ce matériel neuf. Il faut passer une écriture comptable pour diminuer la valeur de notre bien par un amortissement. Cet amortissement fait partie des charges de l'entreprise (classe 6). Ce qui est normal puisqu'on a utilisé le bien, on l'a usé pendant plusieurs mois. Les frais d'usure sont bien une charge.

Reprenons l'exemple de la voiture que nous avons dans Notre boîte. La voiture valait 1 000 euros au moment de la création de l'entreprise. Nous pensons qu'elle va être utilisée pendant 4 ans. Nous allons donc passer tous les ans une écriture d'amortissement pour 250 euros.

Pour préparer ces écritures, nous faisons un tableau d'amortissement qui peut se présenter ainsi :

Tableau d'amortissement de la voiture de Notre boîte d'une valeur de 1 000 euros au 1er janvier 2010

Année	Valeur d'origine	Amortissement annuel	Valeur nette comptable
2010	1 000,00	250,00	750,00
2011	1 000,00	250,00	500,00
2012	1 000,00	250,00	250,00
2013	1 000,00	250,00	0,00

La « valeur nette comptable » représente la valeur évaluée de la voiture à la fin de chaque année.

Tous les ans, pendant 4 ans, nous allons passer une écriture de dotation aux amortissements de 250 euros qui sera la suivante :

Journal des opérations diverses

	Débit	Crédit
6811 Dotations aux amortissements	250,00	
281 Amortissements des immobilisations		250,00
	250,00	250,00

Nous passons cette écriture dans le journal des opérations diverses car nous n'utilisons aucun compte de trésorerie, aucun compte d'achat ou de vente, il ne reste donc que ce journal pour cette écriture.

> L'usure du matériel, la **charge**, est bien en **classe 6** au débit comme toutes les charges. Et au crédit, nous utilisons un compte de la **classe 2** comme les **immobilisations**. Quand nous ferons le bilan de notre entreprise, nous présenterons cet amortissement en diminution de la valeur de la voiture. La valeur de la voiture est à gauche au débit et l'amortissement à droite au crédit (voir le schéma global du bilan et du compte pages 30-31).

Nous avons utilisé la méthode de calcul la plus simple : l'amortissement linéaire calculé au prorata du temps d'utilisation du bien. Le terme utilisé par les professionnels de la comptabilité est « prorata temporis ».

Exemple

Pour un matériel de 3 000 € amorti sur 3 ans et mis en service le 1er avril :
- La première dotation sera de 750 €.

Voici le calcul : 3 000 € divisés par 3 ans, soit 1 000 €. Mais, puisqu'il y 9 mois entre le 1er avril et le 31 décembre, il faut diviser par 12 mois et multiplier par 9 mois, soit 750 euros.
- Les 2 années suivantes les dotations seront de 1 000 € et la dernière année, pour les 3 mois restants, de 250 €.

En résumé :
- Année n la dotation est de 750 €
- Année $n + 1$ la dotation est de 1 000 €
- Année $n + 2$ la dotation est de 1 000 €
- Année $n + 3$ la dotation est de 50 €

Soit un total de 3 000 € amorti sur 3 ans (36 mois).

Signalons qu'il y a d'autres méthodes de calcul d'amortissement, dont l'amortissement dégressif pour lequel l'amortissement est plus fort la première année et diminue les années suivantes.

Sur le plan fiscal, l'amortissement étant une charge, il diminue le bénéfice de l'entreprise et donc lui permet de payer moins d'impôts sur les bénéfices. Il y a donc des règles de calcul et de nombre d'années d'utilisation du matériel à respecter. Il faut savoir ce qui sera accepté par les services fiscaux. Ces renseignements peuvent être trouvés sur Internet en tapant « amortissement des immobilisations ».

Les provisions pour risques et charges

On se rappelle que le compte de résultat (les charges et les produits) correspond à l'activité de l'entreprise sur une période déterminée, en général du 1er janvier au 31 décembre. Mais on peut faire un compte de résultat sur une période plus courte, ou même faire la clôture annuelle de notre comptabilité à une autre date que le 31 décembre. Pour plus de facilité, nous allons considérer ici que le bilan et le compte de résultat se font au 31 décembre.

Nous avons vu que l'usure des immobilisations fait bien partie des charges de la période. Il faut passer une écriture de dotation aux amortissements au moment du bilan.

Provisions pour risques

Maintenant, imaginons qu'un salarié a été licencié en novembre. Cette personne a porté plainte aux prud'hommes. À la suite de cette plainte, un procès est en cours. L'entreprise risque de devoir lui verser une indemnité. Cette indemnité est bien une charge de l'année qui vient de se terminer. Mais on ne connaît pas encore son montant. Encore un exemple, en fin d'année, le conducteur d'un camion de l'entreprise a brûlé un feu rouge. Nous n'avons encore rien reçu mais nous pensons que nous n'allons pas échapper à une amende. Nous allons donc prévoir des sommes et passer des écritures de « provisions pour risques ».

Provisions pour charges

Imaginons aussi que de grosses réparations soient à prévoir dans notre entreprise dans les années qui viennent. Pour permettre de répartir cette charge importante sur plusieurs années, nous passons une écriture de « provisions pour charges à répartir sur plusieurs exercices ». Ces provisions sont évaluées au moment de l'arrêté des comptes mais leur réalisation est incertaine. Voyez, dans le tableau de la page suivante, les écritures que nous passons alors.

> Comme ces **provisions** sont évaluées au moment du **bilan** et que leur réalisation est incertaine, nous pouvons être amenés, l'année suivante, à réajuster, annuler ou compléter ces provisions.

Journal des opérations diverses

	Débit	Crédit
6815 Dotations aux provisions pour risques et charges	2 000,00	
151 Provisions pour risques		2 000,00
Provisions pour litige suite à un licenciement		
6815 Dotations aux provisions pour risques et charges	300,00	
151 Provisions pour risques		300,00
Pénalité prévue pour infraction au code de la route		
6875 Dotations aux provisions pour risques et charges exceptionnelles	50 000,00	
157 Provisions à répartir sur plusieurs exercices		50 000,00
Travaux à répartir sur 3 ans (devis de 150 000 euros)		
	52 300,00	52 300,00

Voyons maintenant les écritures à passer au moment où nous allons effectivement payer l'infraction au code de la route. L'amende à payer est de 450 euros. La dépense est passée en charge dans le journal de banque, mais dans un compte spécial « Charges exceptionnelles » car il est exceptionnel d'avoir à payer une amende, puis il faut passer une écriture de produit en « Reprise de provisions » pour annuler la provision qui a été passée.

Journal de banque

	Débit	Crédit
671 Charges exceptionnelles sur opération de gestion	450,00	
512 Banque		450,00
Paiement de l'amende pour infraction au code de la route		
	450,00	450,00

Journal des opérations diverses

	Débit	Crédit
151 Provisions pour risques	300,00	
7815 Reprise sur provisions pour risques et charges		300,00
Reprise des provisions pour infraction au code de la route		
	300,00	300,00

Comme pour les amortissements, les écritures de provisions et de reprise de provisions sont passées au journal des opérations diverses.

Nous voyons que, dans l'année où l'amende est réellement payée, il y a 450 euros en charges et 300 euros de reprise de provisions. Finalement, il y a seulement la différence (soit 150 euros) en charges puisque 300 euros ont déjà été passés dans les charges de l'année précédente où a eu lieu l'infraction.

La fin d'un exercice

Dans le compte de résultat, il doit y avoir les charges et les produits de la période et dans le bilan, il doit y avoir ce que l'on possède, ce que l'on doit et ce que l'on nous doit à la date de la fin de l'exercice.

> Pour le **compte de résultat**, il faut vérifier la période pour les charges et les produits. Pour le **bilan**, il faut faire un inventaire pour justifier les soldes. En effectuant:
> 1. Des **contrôles**, et des rectifications éventuelles d'erreurs.
> 2. Des **écritures d'inventaire** qui peuvent être:
> - Les dotations et les provisions (voir chapitre précédent),
> - Les charges à payer et les charges comptabilisées d'avance,
> - La réalité des stocks de marchandises.
> 3. La **justification des soldes** des comptes de bilan.

Le contrôle des écritures

Il peut être pratique d'imprimer le grand-livre (la liste de toutes les écritures), mais on peut aussi le visualiser à

Une année de comptabilité • 93 •

l'écran. En s'aidant du libellé, on vérifie que l'écriture est passée dans le bon compte et on regarde la cohérence des chiffres (un chiffre beaucoup plus gros que les autres doit être expliqué). L'idéal pour ces contrôles est de pouvoir le faire avec la personne qui est sur le terrain et donc qui sait ce qui s'est passé pendant l'année.

Exemples d'erreurs :
- Une dépense de téléphone qui aurait dû être passée dans le compte 626 (« Frais postaux et de télécommunication ») a pu être passée dans le compte 616 (« Primes d'assurance ») suite à une erreur de saisie du numéro de compte.
- Dans le compte « Loyer », il doit y avoir les 12 mois de l'année, dans le compte « Téléphone », toutes les factures (6 factures si on est facturé tous les 2 mois).

Bien sûr, il faut rectifier chaque erreur trouvée.

Charges à payer

Les charges à payer peuvent être des achats pour lesquels les factures ne sont pas encore arrivées au 31 décembre. Par exemple, la facture de téléphone de décembre, une facture d'achats de fournitures de bureau de la fin de l'année…

Le bilan de l'entreprise n'est pas fait le 31 décembre dans la nuit.

Nous allons recevoir en début d'année, les dernières factures de l'année qui vient de se terminer. La facture est datée de janvier ou de février alors que la charge concerne les mois de novembre ou décembre.
Il faut donc passer l'écriture de charge en date du 31 décembre même si c'est fait plus tard. À gauche, au débit, nous passons la charge et à droite, au crédit, nous utilisons le compte 408 : « Fournisseur, factures non parvenues ».

Charges constatées d'avance

Il peut y avoir également des charges constatées d'avance. Par exemple, nous avons payé une assurance de 12 mois pour une voiture que nous avons achetée le 1er octobre. Nous avons donc payé 3 mois d'assurance pour cette année et 9 mois pour l'année prochaine. Si, quand on a payé, on a passé la totalité de la facture en charge, on doit passer une écriture pour diminuer la charge (pour les 9 mois de l'année prochaine) par un compte 486 : « Charges constatées d'avance ».

Le stock de marchandises

Les entreprises qui font de la vente ont un stock de marchandises. Le stock n'est pas le même en début d'année qu'à la fin. Rappelez-vous qu'en fin ou en début d'année, vous voyez les magasins fermés une journée ou une demi-journée pour inventaire. C'est le moment où va être compté le stock.

Il faut passer une écriture pour annuler le stock du début d'année et mettre dans le bilan le stock de fin d'année. On utilise les comptes 603, « Variation des stocks » et 370, « Stocks de marchandises ».

Les fonds dédiés

Dans les associations, nous pouvons également avoir à passer en fin d'année des écritures de fonds dédiés. Imaginons que nous avons reçu une subvention dédiée à une action spécifique. Si l'action en question n'est pas terminée à la fin de l'année et doit se poursuivre l'année suivante, nous devons alors passer une écriture de fonds dédiés. Pour ce faire, il faut utiliser les comptes suivants :

- 689 : « Engagement à réaliser sur ressources affectées » et 194 : « Fonds dédiés sur subventions de fonctionnement » pour passer en fin d'année une charge correspondante au montant de la subvention non encore dépensée.
- 789 : « Report des ressources non utilisées des exercices antérieurs » pour passer l'écriture de « Reprise de fonds dédiés » l'année d'utilisation du reste de la subvention. Cette écriture de produits sera passée par le débit du compte 194 qui sera ainsi soldé.

Nous aurons donc bien chaque année, dans le compte de résultat (par la différence entre le compte de subvention en classe 7 et le compte d'engagement à réaliser en classe 6), le montant du produit correspondant à la dépense de la période.

Exemple

Nous avons reçu une subvention de 15 000 euros pour une action qui a commencé en septembre et devait se terminer en décembre. Fin décembre nous constatons que l'action ne se terminera qu'en février de l'an prochain. L'utilisation de cette subvention est donc de 4 mois (10 000 euros) pendant l'année qui se termine et 2 mois (5 000 euros) pour l'année prochaine.

Quand nous avons reçu la subvention, nous avons passé 15 000 euros dans le compte 74, « Subventions d'exploitation ». Au 31 décembre, il faut passer 5 000 euros en charge dans le compte 689, « Engagements à réaliser sur ressources affectées ». La différence entre le compte de produits et le compte de charges est bien de 5 000 euros et correspond au montant de la subvention utilisée pendant l'année.

Ci-contre, voyez un tableau avec des exemples d'écritures pour ces régularisations.

Journal des opérations diverses

	Débit	Crédit
626 Frais postaux et de télécommunication	82,00	
408 Fournisseurs, factures non parvenues		82,00
Facture de téléphone de décembre reçue en janvier		
486 Charges constatées d'avance	900,00	
616 Primes d'assurance		900,00
Assurance voiture de 1 200 euros du 1er octobre au 30 septembre prochain		
603 Variation des stocks	125 000,00	
370 Stocks de marchandises		125 000,00
Annulation stock de marchandises du 1er janvier		
370 Stocks de marchandises	132 500,00	
603 Variation des stocks		132 500,00
Stock de marchandises au 31 décembre		
689 Engagements à réaliser sur ressources affectées	5 000,00	
194 Fonds dédiés sur subventions de fonctionnement		5 000,00
Partie de subvention non utilisée au 31 décembre		
	263 482,00	**263 482,00**

La justification des soldes

Le solde de chaque compte de bilan doit être expliqué. Exemples :
- Le dernier rapprochement de banque explique l'écart entre le solde du compte « Banque » dans notre comptabilité et celui de notre compte à la banque.
- Les soldes des comptes des charges sociales doivent bien correspondre aux charges de la dernière période qui seront payées au début du mois suivant.
- Si un compte « Client » ou « Fournisseur » n'est pas soldé, on cherche quelles sont les factures qui composent le solde et on voit si c'est normal…

Clôture de l'année, réouverture de la suivante

Après avoir passé toutes les écritures de dotations aux amortissements et aux provisions puis les écritures d'ajustement des comptes de charges (et éventuellement de produits et de stocks), il faut éditer une « balance après inventaire » qui va nous permettre d'avoir le bilan et le compte de résultat de l'entreprise.

Comme nous l'avons vu auparavant, les comptes de charges (classe 6) et de produits (classe 7), nous donnerons le compte de résultat. Et les comptes de capitaux (classe 1), d'immobilisations (classe 2), de stocks (classe 3),

de tiers (classe 4) et de trésorerie (classe 5) nous donnerons le bilan (cf. le schéma global des pages 30-31).
Puisque le compte de résultat concerne une période déterminée (en général une année), nous devons donc solder ces comptes (6 et 7); car ils doivent être à zéro pour le début de l'année suivante. C'est pourquoi, la dernière écriture de l'année est le résultat de l'annulation des comptes de charges et de produits par le compte 12, « Résultat de l'exercice ».

Le bilan, en revanche, est un état qui tient compte de tout le passé de l'entreprise. Les soldes des comptes de bilan (dont le compte 12 « Résultat de l'exercice ») seront présents au moment de l'ouverture de l'année suivante. Comme exemple nous allons faire une clôture et une réouverture d'année avec le bilan et le compte de résultat de Notre boîte, mais sachez que les logiciels de comptabilité font ces opérations automatiquement quand on lance la procédure de clôture puis de réouverture d'exercice.

• 100 • Le petit livre de la compta facile

Dernière écriture de l'année de Notre boîte

	Débit	Crédit
12 Résultat de l'exercice (déficit)	1 000,00	
60 Achats de marchandises		1 000,00
60 Petit matériel		50,00
60 Fournitures de bureau		500,00
61 Assurances		400,00
62 Frais postaux		100,00
62 Frais de déplacement		150,00
64 Rémunération du personnel		1 000,00
64 Charges sociales		400,00
70 Ventes de marchandises	2 600,00	
Détermination du résultat en soldant les charges et les produits		
	3 600,00	3 600,00

> Les **comptes de charges et de produits** sont maintenant à zéro. Nous pouvons donc commencer la comptabilité de l'année suivante. Les **comptes de bilan** ne se clôturent pas en fin d'année. Dans le **bilan**, il y a les comptes « Banque » et « Caisse ». Ce n'est pas parce qu'on est à la fin de l'année, que l'on va fermer son compte en banque et que l'on va jeter la caisse ! Les soldes des comptes de bilan se reportent l'année suivante.

> Dans le **bilan** il y a ce l'on doit (fournisseurs, État…) et ce que l'on nous doit (clients). Tant que le règlement n'a pas eu lieu, on le doit ou on nous le doit toujours (même si on est le 31 décembre).

La balance de réouverture de Notre boîte se présente donc comme suit (uniquement les comptes de bilan) :

Balance : le premier jour de l'année suivante

Classes	Comptes	Soldes Débit	Soldes Crédit
10	Capital		20 000,00
12	Résultat de l'exercice antérieur (déficit)	1 000,00	
21	Immeuble	10 000,00	
21	Matériel de transport	1 000,00	
40	Fournisseurs		700,00
41	Clients	1 800,00	
42	Salaires à payer		500,00
43	Urssaf, retraite, Pôle emploi		400,00
51	Banque	7 600,00	
53	Caisse	200,00	
		21 600,00	21 600,00

Chapitre 3
Un exercice global

•

Avec l'exercice suivant qui reprend l'ensemble de ce que nous venons d'étudier, vous pouvez maintenant prendre du papier (il vous faudra plusieurs feuilles) et un crayon pour vérifier que vous avez tout compris !

L'intitulé et les questions

Mohamed et Robert décident d'investir tous les deux et de monter une petite menuiserie. Leur entreprise va s'appeler MoRo-meubles.

1. Le 1er décembre, ils déposent 20 000 € à la banque sur un compte au nom de MoRo-meubles, et ils ont déjà une voiture d'occasion qui a une valeur de 8 000 €.
- Exercice 1 : Faire le bilan d'ouverture de MoRo-meubles.
- Exercice 2 : Passer les écritures au journal de banque et au journal des opérations diverses.

2. Le 5 décembre, ils louent un local au fournisseur A. Ils paient 1 500 € de loyer par chèque (n° 001) pour le mois de décembre.

Ils achètent du matériel de menuiserie au fournisseur B. Ils ont une facture de 1 200 € plus 200 € de TVA. Ils ne paient pas tout de suite.

Ils achètent un petit stock de bois au fournisseur C. Ils ont une facture de 2 200 € plus 400 € de TVA. Ils ne paient pas tout de suite.

Ils reçoivent la quittance d'assurance du fournisseur D pour un montant de 600 €, pour 6 mois. Ils ne paient pas tout de suite.

Ils retirent 500 € de la banque pour ouvrir une caisse et ils payent 150 € d'essence pour la voiture.

3. Le 10 décembre, ils payent par caisse 50 € de timbres-poste.

Ils passent une annonce publicitaire dans un journal. Ils reçoivent donc une facture du fournisseur E de 300 € plus 60 € de TVA.

Ils font une facture de vente de meubles (n° 01) au client Y pour un montant de 250 € plus 50 € de TVA.

Mohamed et Robert ont tellement de commandes qu'ils doivent embaucher un employé. Michel, le nouvel employé, a besoin d'un acompte sur salaire. Mohamed fait donc un chèque (n° 002) de 500 € comme acompte.

4. Le 12 décembre, ils paient par chèque (n° 003) la moitié de la facture de matériel du fournisseur B.

Ils font une facture de vente de meubles (n° 02) au client X pour un montant de 1 050 € plus 200 € de TVA, et au client Z une autre facture (n° 03) pour un montant de 2 510 € plus 500 € de TVA.

Ils paient par caisse une facture de taxi pour 120 €.

Ils reçoivent du client Y un chèque pour le total de la facture et déposent le chèque à la banque.

5. Le 20 décembre, ils rachètent du bois au fournisseur C. La facture est de 1 500 € plus 300 € de TVA.

Ils font une facture de vente de meubles au client X (n° 04) pour un montant de 2 100 € plus 400 € de TVA.

Ils reçoivent la quittance d'électricité de 250 € plus 50 € de TVA.

6. Le 26 décembre, ils font un chèque (n° 004) pour le total des factures du fournisseur C.

7. Le 28 décembre, ils font un chèque (n° 005) pour payer l'assurance.

Ils déposent un chèque de 1 000 € du client X et un de 2 000 € du client Z à la banque.

- Exercice 3 : Passer les écritures dans les journaux des achats, de banque, de caisse et de ventes. Commencer le grand-livre de toutes ces écritures.
- Exercice 4 : Passer les écritures de fin de mois et de fin d'année au 31 décembre :
  - Enregistrer le bulletin de paie de Michel (salaire brut : 1 800 €, charges salariales : 400 €, ne pas oublier l'acompte). Enregistrer le chèque (n° 006) pour le solde à lui payer.

- Enregistrer les cotisations de charges patronales : 730 € (pour simplifier vous pouvez n'utiliser qu'un seul compte de charges patronales, le compte 645, et qu'un seul compte d'organismes sociaux, le compte 43).
- La facture d'assurance était pour 6 mois : passer l'écriture des charges comptabilisées d'avance.
- La facture de téléphone concernant décembre n'arrive qu'en janvier, pour 90 €. Passer l'écriture des factures non parvenues.
- Préparer le calcul des amortissements, en linéaire à 50 % pour la voiture, car elle est d'occasion et 20 % pour le matériel acheté (on a commencé l'activité le 1er décembre. Nous n'avons donc utilisé notre matériel que pendant 1 mois). Passer l'écriture des amortissements.
- Le stock final de matières premières est de 900 € au 31 décembre. Passer l'écriture de variation des stocks.
- Faire le calcul de la TVA à payer et passer l'écriture pour solder les comptes de TVA déductible et de TVA collectée.
- Nous recevons en janvier le relevé de banque de notre compte (tableau ci-contre) : faire le rapprochement et passer éventuellement les écritures nécessaires.

Relevé de banque de décembre, client MoRo-meubles

Date	Libellé	Débit	Crédit	Solde
1/12	Capital ouverture de compte	20 000,00		20 000,00
5/12	Retrait espèces pour caisse		500,00	19 500,00
10/12	Chèque n° 001		1 500,00	18 000,00
12/12	Chèque n° 002		500,00	17 500,00
13/12	Remise chèque	300,00		17 800,00
15/12	Cotisation frais de banque		30,00	17 770,00
28/12	Chèque n° 004		4 400,00	13 370,00
				13 370,00
		20 300,00	6 930,00	
	Solde		13 370,00	
		20 300,00	20 300,00	

- Exercice 6 :
  - Passer les écritures dans les journaux de paie, de banque et d'opérations diverses.
  - Continuer le grand-livre avec toutes ces écritures.
  - Faire la balance, puis le bilan et le compte de résultat.
  - Passer l'écriture de clôture de l'année et présenter la balance au 1er janvier de l'an prochain.

Correction de l'exercice global

Bilan d'ouverture de MoRo-meubles au 1ᵉʳ décembre

Actif (j'ai)		Passif (je dois)	
218 Immobilisations corporelles, transport	8 000,00	101 Capital	28 000,00
512 Banque	20 000,00		
	28 000,00		28 000,00

Journal de banque

		Débit	Crédit
1/12	512 Banque	20 000,00	
	101 Capital		20 000,00
	Ouverture compte MoRo-meubles		

Journal des opérations diverses

		Débit	Crédit
1/12	218 Immobilisations corporelles, transport	8 000,00	
	101 Capital		8 000,00
	Apport d'une voiture dans le capital		

Voyez les tableaux ❼ et ❽ pages 132-133 et page 134. Il s'agit du journal des achats et du journal des ventes. Voyez également le journal de caisse page 110.

En faisant le rapprochement de banque nous avons vu sur le relevé du banquier une écriture de frais de banque, le 15 décembre, pour un montant de 30 €.
Cette écriture n'était pas dans notre comptabilité. Nous l'avons donc passée dans le journal de banque : voyez le tableau ❾ pages 136-137. Voici le rapprochement que nous avons fait après cette écriture :

Rapprochement de banque

Solde du relevé de banque	13 370,00
Moins les dépenses qui ne sont pas sur le relevé	
Chèque n° 003	– 700,00
Chèque n° 005	– 600,00
Chèque n° 006	– 900,00
Plus les recettes qui ne sont pas sur le relevé	
Remise de chèques du 28/12	3 000,00
Solde du compte « Banque »	**14 170,00**

Journal de caisse

		Débit	Crédit
5/12	531 Caisse 580 Virements internes *Dépôts espèces en caisse*	500,00	500,00
5/12	606 Achats non stockés, essence 531 Caisse *Achat essence*	150,00	150,00
10/12	626 Frais postaux et de télécommunication 531 Caisse *Achat de timbres-poste*	50,00	50,00
12/12	625 Déplacements, missions 531 Caisse *Frais de taxi*	120,00	120,00
		820,00	820,00

Un exercice global • 111

Journal de paie

		Débit	Crédit
31/12	641 Rémunération du personnel	1 800,00	
	43 Organismes sociaux		400,00
	425 Personnel, acomptes		500,00
	421 Personnel, rémunérations dues		900,00
	Bulletin de paie de Michel		

31/12	645 Charges de sécurité sociale et de prévoyance	730,00	
	43 Organismes sociaux		730,00
	Charges patronales, paie de Michel		
		2 530,00	2 530,00

Pour le journal des opérations diverses, voyez le tableau ❿ pages 138-139.

• **112** • Le petit livre de la compta facile

Grand-livre de MoRo-meubles

D	101 Capital	C
	OD (1)	8 000,00
	BQ (1)	20 000,00

D	218 Immo. corp., transp.	C
OD (1)	8 000,00	

D	215 Matériel, outill.	C
AC (5)	1 200,00	

D	281 Amortis. des immo.	C
	OD (31)	353,00

D	31 Stock mat. prem.	C
AC (5)	2 200,00	OD (31)	2 200,00
OD (31)	900,00		

D	401 Fournisseur A	C
BQ (5)	1 500,00	AC (5)	1 500,00

D	401 Fournisseur B	C
BQ (12)	700,00	AC (5)	1 400,00

D	401 Fournisseur C	C
BQ (26)	4 400,00	AC (5)	2 600,00
		AC (20)	1 800,00

D	401 Fournisseur D	C
BQ (28)	600,00	AC (5)	600,00

D	401 Fournisseur E	C
		AC (10)	360,00

D	401 Fournisseur F	C
		AC (20)	300,00

D	408 Fourn. fact. non parv.	C
		OD (31)	90,00

D	411 Client Y	C
VT (10)	300,00	BQ (12)	300,00

D	411 Client X	C
VT (12)	1 250,00	BQ (28)	1 000,00
VT (20)	2 500,00		

Un exercice global • 113 •

D	411 Client Z		C	D	421 Person., rému. dues		C
VT (12)	3 010,00	BQ (28)	2 000,00	BQ (31)	900,00	PA (31)	900,00

D	425 Person., acomptes		C	D	43 Organismes sociaux		C
BQ (10)	500,00	PA (31)	500,00			PA (31)	400,00
						PA (31)	730,00

D	4455 TVA à décaisser		C	D	4456 TVA déductible		C
		OD (31)	140,00	AC (5)	200,00	OD (31)	1 010,00
				AC (5)	400,00		
				AC (10)	60,00		
				AC (20)	300,00		
				AC (20)	50,00		

D	4457 TVA collectée		C	D	Charges constatées d'av.		C
OD (31)	1 150,00	VT (10)	50,00	OD (31)	500,00		
		VT (12)	200,00				
		VT (12)	500,00				
		VT (20)	400,00				

D	512 Banque		C
BQ (1)	20 000,00	BQ (5)	1 500,00
BQ (12)	300,00	BQ (5)	500,00
BQ (28)	3 000,00	BQ (10)	500,00
		BQ (26)	700,00
		BQ (13)	4 400,00
		BQ (28)	600,00
		BQ (31)	900,00
		BQ (31)	30,00

D	531 Caisse		C
CA (5)	500,00	CA (5)	150,00
		CA (10)	50,00
		Ca (12)	120,00

D	580 Virements internes		C
BQ (5)	500,00	CA (5)	500,00

D	601 Achats mat. prem.		C
AC (20)	1 500,00		

D	603 Variation des stocks		C
OD (31)	2 200,00	OD (31)	900,00

D	606 Achats non stockés		C
CA (5)	150,00		
AC (20)	250,00		

D	613 Locations		C
AC (5)	1 500,00		

D	616 Primes d'assur.		C
AC (5)	600,00	OD (31)	500,00

D	623 Publicité		C
AC (10)	300,00		

D	625 Déplacements, miss.		C
CA (12)	120,00		

D	626 Frais post., télécom.	C
CA (10)	50,00	
OD (31)	90,00	

D	627 Services bancaires	C
BQ (31)	30,00	

D	641 Rémunération perso.	C
PA (31)	1 800,00	

D	645 Charges SS et prév.	C
PA (31)	730,00	

D	681 Dot. amortis.	C
OD (31)	353,00	

D	701 Ventes produits finis	C
	VT (10)	250,00
	VT (12)	1 050,00
	VT (12)	2 510,00
	VT (20)	2 100,00

Comme dans le premier exercice (voyez la page 35) nous avons utilisé les abréviations suivantes :

- Journal des opérations diverses : OD ;
- Journal des achats : AC ;
- Journal des ventes : VT ;
- Journal de banque : BQ ;
- Journal de caisse : CA ;
- Journal de paies : PA.

Ces abréviations sont suivies des dates de l'écriture entre parenthèses.

Voici les tableaux d'amortissement :

Amortissement de la voiture

Valeur d'ori-gine	Années	Nombre de mois	Taux	Amor-tisse-ment annuel	Amor-tisse-ment cumulé	Valeurs nettes comp-tables
8 000	1	1	50 %	333,00	333,00	7 667,00
8 000	2	12	50 %	4 000,00	4 333,00	3 667,00
8 000	3	11	50 %	3 667,00	8 000,00	0,00

Amortissement du matériel

Valeur d'ori-gine	Années	Nombre de mois	Taux	Amor-tisse-ment annuel	Amor-tisse-ment cumulé	Valeurs nettes comp-tables
1 200	1	1	20 %	20,00	20,00	1 180,00
1 200	2	12	20 %	240,00	260,00	940,00
1 200	3	12	20 %	240,00	500,00	700,00
1 200	4	12	20 %	240,00	740,00	460,00
1 200	5	12	20 %	240,00	980,00	220,00
1 200	6	11	20 %	220,00	1 200,00	0,00

Voyez la balance de MoRo-meubles : tableau ⑪ pages 140-141 (balance Globale), tableau ⑫ page 142 (balance auxiliaire Clients) et tableau ⑬ page 143 (balance auxiliaire Fournisseurs).

Bilan de MoRo-meubles au 31 décembre

Actif (j'ai)			Passif (je dois)	
215 Matériel, outillage	1 200,00		101 Capital	28 000,00
218 Immobilisations corporelles, transport	8 000,00			
281 Amortissement des immobilisations	− 353,00	8 847,00		
31 Stocks de matières premières		900,00		
411 Clients		3 760,00	401 Fournisseurs	1 360,00
486 Charges constatées d'avance		500,00	408 Fournisseurs, fact. non parvenues	90,00
			43 Organismes sociaux	1 130,00
			4455 TVA à décaisser	140,00
512 Banque		14 170,00		
531 Caisse		180,00		
		28 357,00		30 720,00
Déficit		2 363,00		
		30 720,00		30 720,00

*Compte de résultat de MoRo-meubles
du 1er au 31 décembre*

Charges		Produits	
601 Achats de matières premières	1 500,00	701 Ventes de produits finis	5 910,00
603 Variation des stocks	1 300,00		
606 Achats non stockés	400,00		
613 Locations	1 500,00		
616 Primes d'assurance	100,00		
623 Publicité	300,00		
625 Déplacements, missions	120,00		
626 Frais postaux et de télécommunication	140,00		
627 Services bancaires	30,00		
641 Rémunération du personnel	1 800,00		
645 Charges de sécurité sociale et de prévoyance	730,00		
681 Dotations aux amortissements	353,00		
	8 273,00		5 910,00
		Déficit	2 363,00
	8 273,00		8 273,00

Écriture de fin d'année

		Débit	Crédit
31/12	129 Résultat de l'exercice (perte)	2 363,00	
	601 Achats de matières premières		1 500,00
	603 Variation des stocks		1 300,00
	606 Achats non stockés		400,00
	613 Locations		1 500,00
	616 Primes d'assurance		100,00
	623 Publicité		300,00
	625 Déplacements, missions		120,00
	626 Frais postaux et de télécommunication		140,00
	627 Services bancaires		30,00
	641 Rémunération du personnel		1 800,00
	645 Charges de sécurité sociale et de prévoyance		730,00
	681 Dotations aux amortissements		353,00
	701 Ventes de produits finis	5 910,00	
	Détermination du résultat en soldant les charges et les produits		
		8 273,00	8 273,00

Balance au 1er janvier

Comptes	Comptes	Soldes Débit	Soldes Crédit
101	Capital		28 000,00
129	Résultat de l'exercice (perte)	2 363,00	
218	Immobilisations corporelles, transport	8 000,00	
215	Matériel, outillage	1 200,00	
281	Amortissement des immobilisations		353,00
31	Stock matières premières	900,00	
401	Fournisseur B		700,00
401	Fournisseur E		360,00
401	Fournisseur F		300,00
408	Fournisseurs, factures non parvenues		90,00
411	Client X	2 750,00	
411	Client Z	1 010,00	
43	Organismes sociaux		1 130,00
4455	TVA à décaisser		140,00
486	Charges constatées d'avance	500,00	
512	Banque	14 170,00	
531	Caisse	180,00	
		31 073,00	31 073,00

Tableaux

•

❶

Grand-livre, présentation logiciel de comptabilité

Période du .... au........

Date	Journal	Pièce	Libellé	Débit	Crédit	Solde
			531			
			Caisse			
1	CA	001	Virement de la banque à la caisse	500,00		500,00
2	CA	002	Achat de timbres-poste		100,00	400,00
3	CA	003	Achat de prises de courant		50,00	350,00
4	CA	004	Frais de taxi		150,00	200,00
			Total pour le compte 531	500,00	300,00	200,00
			580			
			Mouvements de fonds			
1	BQ	001	Virement de la banque à la caisse	500,00		500,00
1	CA	001	Virement de la banque à la caisse		500,00	0,00
			Total pour le compte 580	500,00	500,00	0,00

606		Achat de petit matériel			
3	CA	003	Achat de prises de courant	50,00		50,00
			Total pour le compte 606	50,00	0,00	50,00

625		Déplacements, missions			
4	CA	004	Frais de taxi	150,00		150,00
			Total pour le compte 625	150,00	0,00	150,00

626		Frais postaux et de télécommunication			
2	CA	002	Achat de timbres-poste	100,00		100,00
			Total pour le compte 626	100,00	0,00	100,00

| | | | Total du grand-livre | 1 300,00 | 800,00 | 500,00 |

Balance, présentation logiciel de comptabilité

Classes	Comptes	Capitaux Débit	Capitaux Crédit	Soldes Débit	Soldes Crédit
1	Capital		20000,00		20000,00
2	Immeuble	10000,00		10000,00	
2	Matériel de transport	1000,00		1000,00	
4	Fournisseurs	1200,00	1900,00		700,00
4	Clients	2600,00	800,00	1800,00	
4	Salaires à payer		500,00		500,00
4	Acomptes sur salaires	500,00	500,00		
4	Urssaf, retraite, Pôle emploi		400,00		400,00
5	Caisse	500,00	300,00	200,00	
5	Banque	9800,00	2200,00	7600,00	
5	Mouvements de fonds	500,00	500,00		
6	Achats de marchandises	1000,00		1000,00	
6	Petit matériel	50,00		50,00	

6	Fournitures de bureau	500,00		500,00	
6	Assurances	400,00		400,00	
6	Affranchissement	100,00		100,00	
6	Frais de déplacement	150,00		150,00	
6	Salaires	1 000,00		1 000,00	
6	Charges sociales	400,00		400,00	
7	Ventes		2 600,00		2 600,00
		29 700,00	29 700,00	24 200,00	24 200,00

Schéma de la facturation des achats

Enregistrement de la facture d'achat

Débits	Crédits
607 Achats	
	709 Remises accordées
	760 Produits financiers
4456 État, TVA déductible	
	400 Fournisseur

Facture

Brut	1 000,00
Remise 5 % (réduction commerciale)	− 50,00
Net commercial	950,00
Escompte de règlement 2 %	− 19,00
Net financier	931,00
TVA 20 %	186,20
Net à payer	**1 117,20**

Enregistrement de la facture d'avoir (pour retour de marchandises)

Débits	Crédits
	607 Achats
709 Remises accordées	
760 Produits financiers	
	4456 État, TVA déductible
400 Fournisseur	

❸

❹

Schéma de la facturation des ventes

Enregistrement de la facture de vente		Facture		Enregistrement de la facture d'avoir (pour retour de marchandises)	
Débits	**Crédits**			**Débits**	**Crédits**
	707 Ventes	Brut	1 200,00	707 Ventes	
609 Rabais et remises obtenus		Remise 5 % (réduction commerciale)	– 60,00		609 Rabais et remises obtenus
		Net commercial	1 140,00		
660 Charges financières		Escompte de règlement 2 %	– 22,80		660 Charges financières
	4457 État TVA collectée	Net financier	1 117,20	4457 État TVA collectée	
		TVA 20 %	223,44		
410 Clients		**Net à payer**	**1 340,64**		410 Clients

Exemple de bulletin de paie

ENTREPRISE		BULLETIN DE PAIE du 01/02/2014 au 28/02/2014	
ENTREPRISE		Date entrée	Matricule
Adresse		N° SEC-SOC	Section
Siret/APE		Emploi	Catégorie
Org. Soc	Urssaf…	Hiérarchie	Ancienneté
N° Org. Soc			
Convention Collective		NOM du salarié	
Droit du Travail		Adresse	

ÉLÉMENTS DE PAIE	Nombre ou Base	Taux	Gains	Retenues	Cotis. Patronales Taux	Cotis. Patronales Montant	TOTAUX	
SALAIRE de BASE	151,67	15,165	2 300,00				Brut	
Prime d'ancienneté			150,00				Mois :	2 450,00
							Année :	4 900,00
							Net imposable	
TOTAL BRUT			2 450,00				Mois :	1 980,58
							Année :	3 961,16
							Rému heures exo.	
							Mois :	
MALADIE	2 450,00	0,85		20,82	12,80	313,60	Année :	
Contrib. Solidarité A.	2 450,00				0,30	7,35	Charges salariales	
VIEILLESSE	2 450,00	6,90		166,60	8,45	207,01	Mois :	529,23

VIEILLESSE	2 450,00	0,25		6,12	5,25	128,62	Année : 1 078,46
ACCIDENT du TRAV.	2 450,00				2,30	56,35	Coût entreprise
ALLOC. FAM.	2 450,00				5,25	128,62	Mois : 3 554,44
FNAL	2 450,00				0,10	2,45	Année : 7 108,88
FORMATION	2 450,00				0,55	13,47	Heures indemnisées
CHÔMAGE	2 450,00		2,40	58,80	4,00	98,00	Mois : 151,67
AGS	2 450,00				0,30	7,35	Année : 303,34
RETRAITE	2 450,00		3,05	74,72	4,58	112,21	Heures travaillées
AGFF	2 450,00		0,80	19,60	1,20	29,40	Mois : 151,67
CSG DÉDUCTIBLE	2 407,12		5,10	122,76			Année : 303,34
TOT. DES RETENU.				469,42			
NET IMPOSABLE			1 980,58			1 104,44	
CSG NON DÉDUC.	2 407,12		2,40	57,77			
CRDS	2 407,12		0,50	12,04			
ACOMPTE				300,00			

Solde des cong. payés	Acquis	Pris	Solde	Net à payer	1 610,77 €
Congés de l'année	30,00	13,00	17,00		10 565,96 FRF
Cong. en cours d'acqu.	12,50		12,50	par chèque le :	28/02/2014
Commentaire				Absence(s)	

Dans votre intérêt et pour vous aider à faire valoir vos droits, conservez ce bulletin de paie sans limitation de durée

Bulletin de paie simplifié

	Organisme	Gains	Retenues salariales	Total retenues salariales	Cotisations patronales	Total cotisations patronales	Numéro compte débit	Numéro compte crédit
Total brut		2 450,00					641	
MALADIE			20,82		313,60			
Contribution Solidarité A.					7,35			
VIEILLESSE			166,60		207,02			
VIEILLESSE			6,12		128,62			
ACCIDENT du TRAVAIL					56,35			
ALLOCATIONS FAM.					128,62			
FNAL					2,45			
CSG DÉDUCTIBLE	Urssaf		122,76	386,11		844,01	645	431

CSG NON DÉDUCTIBLE		57,77				
CRDS		12,04				
FORMATION	Organisme collecteur formation		13,47	13,47	633	447
CHÔMAGE	Pôle emploi	58,80	98,00	105,35	645	437
AGS			7,35			
RETRAITE	Caisse de retraite	74,72	112,21	141,61	645	437
AGFF		19,60	29,40			
ACOMPTE		300,00				425
Total retenues		839,23		1 104,44		
Net à payer	1 610,77					421

❼

Journal des achats

		Débit	Crédit
5/12	613 Locations	1 500,00	
	401 Fournisseur A		1 500,00
	Loyer du mois de décembre		
5/12	215 Matériel, outillage	1 200,00	
	4456 TVA déductible	200,00	
	401 Fournisseur B		1 400,00
	Achat matériel de menuiserie		
5/12	31 Stock de matières premières	2 200,00	
	4456 TVA déductible	400,00	
	401 Fournisseur C		2 600,00
	Achat stock de bois		
5/12	616 Primes d'assurance	600,00	
	401 Fournisseur D		600,00
	Assurance pour 6 mois		

10/12	623 Publicité	300,00	
	4456 TVA déductible	60,00	
	401 Fournisseur E		360,00
	Annonce publicitaire		
20/12	601 Achats de matières premières	1 500,00	
	4456 TVA déductible	300,00	
	401 Fournisseur C		1 800,00
	Facture d'achat de bois		
20/12	606 Achats non stockés, électricité	250,00	
	4456 TVA déductible	50,00	
	401 Fournisseur F		300,00
	Facture d'électricité		
		8 560,00	**8 560,00**

❽

Journal des ventes

		Débit	Crédit
10/12	411 Client Y	300,00	
	4457 TVA collectée		50,00
	701 Ventes de produits finis		250,00
	Facture 01 vente meubles		
12/12	411 Client X	1 250,00	
	4457 TVA collectée		200,00
	701 Ventes de produits finis		1 050,00
	Facture 02 ventes meubles		
12/12	411 Client Z	3 010,00	
	4457 TVA collectée		500,00
	701 Ventes de produits finis		2 510,00
	Facture 03 ventes meubles		
20/12	411 Client X	2 500,00	
	4457 TVA collectée		400,00
	701 Ventes de produits finis		2 100,00
	Facture 04 ventes meubles		
		7 060,00	**7 060,00**

Journal de banque

			Débit	Crédit
1/12	512 Banque		20000,00	
		101 Capital		20000,00
	Ouverture compte MoRo-meubles			
5/12	401 Fournisseur A		1500,00	
		512 Banque		1500,00
	Chèque 001 Fournisseur A			
5/12	580 Virements internes		500,00	
		512 Banque		500,00
	Retrait espèces pour Caisse			
10/12	425 Personnel, avances et acomptes		500,00	
		512 Banque		500,00
	Chèque 002 acompte Michel			
12/12	401 Fournisseur B		700,00	
		512 Banque		700,00
	Chèque 003 Fournisseur B			
12/12	512 Banque		300,00	
		411 Client Y		300,00
	Remise chèque			

26/12	401 Fournisseur C		4400,00		
		512 Banque		4400,00	
	Chèque 004 Fournisseur C				
28/12	401 Fournisseur D		600,00		
		512 Banque		600,00	
	Chèque 005 Fournisseur C				
28/12	512 Banque		3000,00		
		411 Client X		1000,00	
		411 Client Z		2000,00	
	Remise chèques				
31/12	421 Personnel, rémunérations dues		900,00		
		512 Banque		900,00	
	Chèque 006 Salaire Michel				
31/12	627 Services bancaires		30,00		
		512 Banque		30,00	
	Cotisation frais de banque décembre				
			32430,00	32430,00	

❿

Journal des opérations divers

		Débit	Crédit
1/12	218 Immobilisations corporelles, transport 101 Capital *Apport d'une voiture dans le capital*	8 000,00	8 000,00
31/12	486 Charges constatées d'avance 616 Primes d'assurance *5 mois d'assurance pour l'an prochain*	500,00	500,00
31/12	626 Frais postaux et de télécommunication 408 Fournisseurs, factures non parvenues *Facture de téléphone de décembre*	90,00	90,00
31/12	681 Dotations aux amortissements 281 Amortissement des immo. *Dotations aux amortissements*	353,00	353,00

31/12	603 Variation des stocks		2 200,00	
	31 Stock matières premières			2 200,00
	Annulation du stock initial			
31/12	31 Stock matières premières		900,00	
	603 Variation des stocks			900,00
	Stock initial			
31/12	4457 TVA collectée		1 150,00	
	4456 TVA déductible			1 010,00
	4455 TVA à décaisser			140,00
	Régularisation TVA de l'année			
			13 193,00	13 193,00

Balance de MoRo-meubles

Comptes	Intitulés	Capitaux Débit	Capitaux Crédit	Soldes Débit	Soldes Crédit
101	Capital		28000,00		28000,00
215	Matériel, outillage	1200,00		1200,00	
218	Immobilisations corporelles, transport	8000,00		8000,00	
281	Amortissement des immobilisations		353,00		353,00
31	Stock matières premières	3100,00	2200,00	900,00	
40	**Fournisseurs**	**7200,00**	**8650,00**		**1450,00**
41	**Clients**	**7060,00**	**3300,00**	**3760,00**	
421	Personnel, rémunérations dues	900,00	900,00		
425	Personnel, avances et acomptes	500,00	500,00		
43	Organismes sociaux		1130,00		1130,00
4455	TVA à décaisser		140,00		140,00
4456	TVA déductible	1010,00	1010,00		
4457	TVA collectée	1150,00	1150,00		
486	Charges constatées d'avance	500,00		500,00	
512	Banque	23300,00	9130,00	14170,00	

531	Caisse	500,00	320,00	180,00
580	Virements internes	500,00	-500,00	
601	Achats de matières premières	1 500,00		1 500,00
603	Variation des stocks	2 200,00	900,00	1 300,00
606	Achats non stockés	400,00		400,00
613	Locations	1 500,00		1 500,00
616	Primes d'assurance	600,00	500,00	100,00
623	Publicité	300,00		300,00
625	Déplacements, missions	120,00		120,00
626	Frais postaux et de télécom.	140,00		140,00
627	Services bancaires	30,00		30,00
641	Rémunération du personnel	1 800,00		1 800,00
645	Charges de sécurité sociale et de prévoyance	730,00		730,00
681	Dotations aux amortissements	353,00		353,00
701	Ventes de produits finis		5 910,00	5 910,00
		64 593,00	5 910,00	
		64 593,00	64 593,00	36 983,00
				36 983,00

⑫

Balance auxiliaire clients

Comptes	Intitulés	Capitaux Débit	Capitaux Crédit	Soldes Débit	Soldes Crédit
411	Client Y	300,00	300,00		
411	Client X	3 750,00	1 000,00	2 750,00	
411	Client Z	3 010,00	2 000,00	1 010,00	
		7 060,00	3 300,00	3 760,00	0,00

Balance auxiliaire fournisseurs

Comptes	Intitulés	Capitaux Débit	Capitaux Crédit	Soldes Débit	Soldes Crédit
401	Fournisseur A	1 500,00	1 500,00		
401	Fournisseur B	700,00	1 400,00		700,00
401	Fournisseur C	4 400,00	4 400,00		
401	Fournisseur D	600,00	600,00		
401	Fournisseur E		360,00		360,00
401	Fournisseur F		300,00		300,00
408	Fournisseurs factures non parvenus		90,00		90,00
		7 200,00	8 650,00	0,00	1 450,00

Annexes

•

Extraits du plan comptable 1984

Classe 1 : comptes de CAPITAUX

10   CAPITAL ET RÉSERVES

     101   Capital

     108   Compte de l'exploitant

11   REPORT À NOUVEAU

12   RÉSULTAT NET DE L'EXERCICE

13   SUBVENTIONS D'INVESTISSEMENT

15   PROVISIONS POUR RISQUES ET CHARGES

16   EMPRUNTS ET DETTES ASSIMILÉES

Classe 2 : comptes d'IMMOBILISATIONS

20   IMMOBILISATIONS INCORPORELLES

     201   Frais d'établissement

21   IMMOBILISATIONS CORPORELLES

     211   Terrains

	215	Installations techniques, matériel et outillage industriels
28	AMORTISSEMENT DES IMMOBILISATIONS	
	280	Amortissements des immobilisations incorporelles
	281	Amortissements des immobilisations corporelles
29	PROVISIONS POUR DÉPRÉCIATIONS DES IMMOBILISATIONS	
	290	Provisions pour dépréciations des immobilisations incorporelles
	291	Provisions pour dépréciations des immobilisations corporelles

Classe 3 : Comptes de STOCKS et d'EN-COURS	
31	MATIÈRES PREMIÈRES
34	STOCKS DE PRODUITS
37	STOCKS DE MARCHANDISES
39	PROVISIONS POUR DÉPRÉCIATIONS DES STOCKS ET EN-COURS

Classe 4 : Comptes de TIERS		
40	FOURNISSEURS ET COMPTES RATTACHÉS	
	401	Fournisseurs

		408	Fournisseurs, factures non parvenues
41	CLIENTS ET COMPTES RATTACHÉS		
		411	Clients
42	PERSONNEL ET COMPTES RATTACHÉS		
		421	Personnel, rémunérations dues
		425	Personnel, avances et acomptes
43	SÉCURITÉ SOCIALE ET AUTRES ORGANISMES SOCIAUX		
		431	Sécurité sociale
		437	Autres organismes sociaux
44	ÉTAT ET AUTRES COLLECTIVITÉS PUBLIQUES		
		444	État, impôts sur les bénéfices
		445	État, taxes sur le chiffre d'affaires (TVA)
		447	Autres impôts, taxes et versements assimilés
47	COMPTES TRANSITOIRES OU D'ATTENTE		
48	COMPTES DE RÉGULARISATION		
		486	Charges constatées d'avance

	487	Produits constatés d'avance

49	PROVISIONS POUR DÉPRÉCIATION DES COMPTES DE TIERS	

Classe 5 : Comptes FINANCIERS

50	VALEURS MOBILIÈRES DE PLACEMENT	

51	BANQUES, ÉTABLISSEMENTS FINANCIERS ET ASSIMILÉS	
	512	Banques
	514	Chèques postaux

53	CAISSE	
	531	Caisse siège social

58	VIREMENTS INTERNES	

Classe 6 : Comptes de CHARGES

60	ACHATS	
	601	Achats stockés, matières premières
	603	Variation des stocks
	606	Achats non stockés de matières et fournitures

	607	Achats de marchandises
61	SERVICES EXTÉRIEURS	
	611	Sous-traitance générale
	613	Locations
	614	Charges locatives et de copropriété
	615	Travaux d'entretiens et de réparations
	616	Primes d'assurance
62	AUTRES SERVICES EXTÉRIEURS	
	622	Rémunérations d'intermédiaires et honoraires
	623	Publicité, publications, relations publiques
	624	Transports de biens et transport collectif du personnel
	625	Déplacements, missions et réceptions
	626	Frais postaux et de télécommunication
	627	Services bancaires et assimilés
63	IMPÔTS TAXES ET VERSEMENTS ASSIMILÉS	
	631	Impôts taxes et versement assimilés sur rémunérations (administration des impôts)
	635	Impôts taxes et versement assimilés (administration des impôts)

64	CHARGES DE PERSONNEL	
	641	Rémunération du personnel
	645	Charges de sécurité sociale et de prévoyance
	648	Autres charges de personnel
65	AUTRES CHARGES DE GESTION COURANTE	
	658	Charges diverses de gestion courante
66	CHARGES FINANCIÈRES	
	661	Charges d'intérêts
67	CHARGES EXCEPTIONNELLES	
	671	Charges exceptionnelles sur opérations de gestion
	675	Valeur comptable des éléments d'actif cédés
68	DOTATIONS AUX AMORTISSEMENTS ET AUX PROVISIONS	
	681	Dotations aux amortissements et provisions, charges d'exploitation
	687	Dotations aux amortissements et provisions, charges exceptionnelles
69	PARTICIPATION DES SALARIES - IMPÔTS SUR LES BÉNÉFICES ET ASSIMILÉS	

| | 695 | Impôts sur les bénéfices |

Classe 7 : Comptes de PRODUITS

70	VENTES DE PRODUITS FABRIQUÉS, PRESTATIONS DE SERVICES, MARCHANDISES	
	701	Ventes de produits finis
	706	Prestations de services
	707	Ventes de marchandises
	708	Produits des activités annexes
	709	Rabais, remises et ristournes accordés par l'entreprise

71	PRODUCTION STOCKÉE	
	713	Variation des stocks

| 74 | SUBVENTIONS D'EXPLOITATION |

| 75 | AUTRES PRODUITS DE GESTION COURANTE |

76	PRODUITS FINANCIERS	
	764	Revenus des valeurs mobilières de placement

| 77 | PRODUITS EXCEPTIONNELS |

	771	Produits exceptionnels sur opérations de gestion
	775	Produits des cessions d'éléments d'actif
78	\multicolumn{2}{l	}{REPRISES SUR AMORTISSEMENTS ET PROVISIONS}
	781	Reprises sur amortissements et provisions (à inscrire dans les produits d'exploitation)
79	\multicolumn{2}{l	}{TRANSFERTS DE CHARGES}

Classe 8: Comptes SPÉCIAUX

Classe 9: Comptes ANALYTIQUES D'EXPLOITATION

Ce **plan comptable** est à adapter et à subdiviser éventuellement pour chaque entreprise suivant ses activités et ses besoins de gestion. Seuls les comptes nécessaires seront utilisés.

Dans toutes les librairies un peu importantes on peut trouver pour quelques euros un document plus complet que l'abrégé ci-dessus sous le titre : *Liste intégrale des comptes du plan comptable général 1984*. Ce document peut être utilisé aux examens.

Précisons que, pour la classe 8, les « Engagements hors bilan » sont des cautions, des garanties, etc. données ou reçues par l'entreprise qui n'ont pas donné lieu à des opérations financières.

Exemple

La Fédération des associations X se porte garante auprès de la banque que l'association Y, de la même fédération, pourra rembourser ses emprunts.

Dans les associations, les comptes de la classe 8 : « Contributions volontaires » sont utilisées pour enregistrer la valorisation du bénévolat, des dons en nature et des mises à dispositions gratuites : les charges dans le compte 86 et les produits dans le compte 87. Bien sûr, puisqu'il n'y a pas de dépenses ni de recettes en argent, ces écritures n'auront pas d'incidences sur le résultat. Ces valorisations sont recommandées par les organismes subventionneurs depuis 1999.

Toujours pour les associations et dans le milieu social, les dépenses d'actions sociales ou d'animation sont souvent classées et subdivisées dans le compte 658 : « Charges diverses de gestion courante ».

Bibliographie

Quelques éléments de ce document ont été élaborés avec l'aide du livre *La Nouvelle Technique comptable* de Guizard et Perochon des Éditions Foucher.

Remerciements

Merci à tous les stagiaires que j'ai rencontrés dans les formations de comptabilité et de gestion car ils m'ont forcée à chercher comment expliquer la comptabilité d'une façon simple.
Merci à Faouzia, grâce à qui j'ai décidé d'écrire ce texte.
Merci à Alain Obadia (expert-comptable) pour ses cours.
Merci à Emmanuel de Jonghe (association Éthique, pérennité et développement), Claude, Rose-Marie et Serge qui m'ont relue et conseillée.
Merci à Suzanne et Jacqueline (qui ont un profil littéraire) pour avoir vérifié mon orthographe, ainsi qu'à Sophie qui m'a soutenue pour la mise en page et l'édition de cet ouvrage et à Éric qui a préparé le document de présentation de ce livre.